Willi Schickling
Entscheidung
in Frankfurt

Willi Schickling

Entscheidung in Frankfurt

Ludwig Erhards Durchbruch zur Freiheit

30 Jahre Deutsche Mark
30 Jahre Soziale Marktwirtschaft

Herausgegeben von der Ludwig-Erhard-Stiftung e.V.
im Seewald Verlag
Stuttgart

Umschlag von
Creativ Shop München
Adolf + Angelika Bachmann
Umschlagfoto:
J. H. Darchinger, Bonn
Gesamtherstellung:
Wilhelm Röck, Weinsberg
ISBN 3 512 00501 2
Printed in Germany

Inhalt

Vorwort

Vor 30 Jahren hat Ludwig Erhard mit der Reform von Wirtschaft und Währung noch vor der Gründung der Bundesrepublik Deutschland den Grundstein für ihre freiheitliche Entwicklung gelegt. Mit seiner Überzeugungskraft, seinem moralischen Mut und seiner Fähigkeit, Wissenschaft in Politik zu verwandeln, hat er ein Tor zur Freiheit aufgestoßen: den Weg zu Frieden und Wohlstand.

30 Jahre jener Zukunft, die damals begonnen hat, sind heute schon Vergangenheit. Was in diesen 30 Jahren geschehen ist, erscheint vielen wie selbstverständlich. Doch die 30 Jahre davor, in denen zwei Weltkriege stattfanden, die Republik von Weimar zerstört und das Reich der Deutschen ruiniert wurde, belegen das Gegenteil.

Der beispiellose Aufbau, die Rückkehr in die Gemeinschaft der Völker und die Bewahrung des Friedens waren nicht selbstverständlich. Fleiß, Intelligenz, Erfindungsreichtum, Opferbereitschaft und Gemeinsinn des Volkes haben sie ermöglicht. Eine Grundvoraussetzung dafür aber hat Ludwig Erhard geschaffen. Von dieser Tat handelt dieses Buch – damals, in Frankfurt, 1948, drei Jahre nach der bedingungslosen Kapitulation des Reiches.

Nur wenige haben in dieser Zeit vorausgesehen, daß das Reformwerk Erhards Epoche machen würde. Viele scheuten das von Grund auf Neue und sein Risiko. Manche zweifelten an Ludwig Erhards Erfolgschancen und suchten andere Wege aus dem wirtschaftlichen Ruin.

An dem Lernprozeß der Freiheit, der damals begann, haben Freunde und Gegner Ludwig Erhards teilgenommen. Dieser Prozeß ist noch nicht abgeschlossen. Er wird und muß fortgesetzt werden unter den Bedingungen, die für uns im letzten Viertel dieses Jahrhunderts gelten. Unsere gegenwärtige Herausfor-

derung ist nicht geringer als damals nach dem Zusammenbruch. Wie damals verlangt sie Optimismus und sittlichen Mut.
Mit Genugtuung sehen wir, daß wichtige Kräfte in allen politischen Lagern daran festhalten, in unserem Gemeinwesen Freiheit zu verteidigen und Verantwortung zu tragen. Sie geben sich keiner Täuschung darüber hin, daß der Kollektivismus – auch in der Gestalt des Bürokratismus – der Feind einer freien Gesellschaft ist.
Das gehört zum Vermächtnis Erhards, und es wird unvergessen bleiben, daß er diesen Willen in einer beinahe ausweglosen Lage als politische Idee formulierte und mit ihr die große Reform von Wirtschaft und Gesellschaft begann – ein historisches Ereignis – evolutionär vollzogen –, aber von revolutionärer Dimension.

Ludwig-Erhard-Stiftung e. V.

Deutschland am Tiefpunkt wirtschaftlichen Elends

Drei Jahre lang, vom Frühling 1945 bis zum Vorsommer 1948, gehörten die Deutschen zu den ärmsten Völkern der Erde. Als die Siegermächte des Zweiten Weltkriegs nach dem Zusammenbruch des Dritten Reiches die oberste Regierungsgewalt in Deutschland übernahmen, fanden sie dort ein auf weiten Strekken von Ruinen und Trümmern übersätes Notstandsgebiet vor, in dem das Wirtschafts- und Berufsleben fast erloschen schien. Verhärmte, abgemagerte und dürftig gekleidete Menschen, die den Schrecken des Krieges entronnen waren, setzten ihre restlichen Lebenenergien für die verzweifelte Jagd nach Nahrung ein. Die Frage, wo man in der nächsten Stunde oder am nächsten Tag etwas zu essen auftreiben könne, war dringlicher als Wiederaufbaupläne für die weitere Zukunft. Der deutsche Lebensstandard war an die unterste Grenze der Existenzmöglichkeit gesunken, in manchen Fällen lag er noch darunter. Auch die Infrastruktur des schwer angeschlagenen Industrielandes im Herzen Europas zeigte starke Spuren der Zerstörung: gesprengte Brükken, zerbombte Verkehrsverbindungen und lädierte Versorgungsnetze für Licht, Strom und Wasser, die mühsam wieder in Betrieb gesetzt werden mußten.

Alle lebensnotwendigen Güter waren in dem einstmals so leistungsfähigen Industriestaat vom Markt verschwunden oder nur unter äußersten Mühen zu haben. Lediglich die aus dem Hitlerreich übernommenen und vorerst als Umlaufwährung beibehaltenen Reichsmarknoten gab es in überreichlichen Mengen, sie wurden aber als Zahlungsmittel und Wertmesser von Tag zu Tag bedeutungsloser. Der sogenannte Normalverbraucher konnte auf regulärem Wege allenfalls eine geringe Menge bewirtschafteter Lebensmittel zu den amtlich vorgeschriebenen Preisen (im Gesamtbetrag von etwa zehn Reichsmark innerhalb einer vierwöchigen Kartenperiode) dafür kaufen. Fast alle anderen Lebensmittel und Bedarfsgüter waren – wenn überhaupt – nur gegen hohe Summen oder Tauschware auf Schwarzen und Grauen Märkten zu haben. Das viele Geld in den Händen oder auf den Konten mancher Bürger sowie das vielmaschige Netz von eifrig tätigen und mit einem endlosen Papierkrieg beschäftigten Wirtschaftsämtern und Kartenstellen vermittelten ein unzulängliches Bild der ökonomischen Wirklichkeit und weckten vorübergehend die Illusion, daß alles ordentlich geregelt sei. Die rauhe Realität der dahinsiechenden Wirtschaft begegnete den um halbwegs ausreichende Versorgung bemühten Zeitgenossen auf dem Schwarzen Markt, wo die mit fünf bis sechs Reichsmark notierte Ami-Zigarette zu einer Art Leitwährung aufrückte, und wo die geforderten und bezahlten Überpreise, so z. B. der Butterpreis von 250 Reichsmark pro Pfund, die Warenknappheit und den rapiden Verfall des Geldwertes deutlich widerspiegelten.

Tauschgeschäfte bestimmten schließlich mehr und mehr den Handel, und dem von tausend Sorgen und Nöten bedrängten Land drohte der Rückfall in beinahe prähistorische Perioden, als das Geld noch nicht erfunden war und die Arbeitsteilung, eine Quelle des europäischen Reichtums an Zivilisationsgütern, noch in den Anfängen steckte. – Was in der Nachkriegszeit als Geld kursierte, verdiente jedenfalls kaum noch diese Bezeichnung. Die Reichsmark begegnete zunehmender Verachtung, ihre Tage schienen – so oder so – gezählt. Wer konnte, verdingte seine Arbeitskraft lieber gegen Ami-Zigaretten, Verpflegung und Naturalien als gegen Banknoten mit der Unterschrift der alten Reichsbank.

Im berüchtigten Morgenthau-Plan, den die Amerikaner zum Glück bald fallen ließen, hatte man die Rückverwandlung Deutschlands in ein Acker- und Weideland vorgesehen. Hätte man solche Ideen verwirklicht und jede größere Industrie zugunsten der Landwirtschaft weitgehend beseitigt und verboten, dann wären Millionen und Abermillionen von Existenzen hoffnungslos verloren gewesen. In der panikartigen Furcht vor dem Verhungern erschien allerdings auch vielen Deutschen die

Rückkehr zur Landwirtschaft als rettender Ausweg. Flüchtlinge und Evakuierte leisteten auf Bauernhöfen bereitwillig Hilfe, wenn sie als Entgelt dafür nur satt zu essen hatten. Nie zuvor konnten die Bauern, die später infolge der weitgehenden Mechanisierung immer weniger Personal nötig hatten, über derart viele Landarbeiter verfügen wie damals. Manche Großstädter träumten von einem eigenen Bauernhof. Andere wurden zu Klein-Agrariern, die auf Balkonen oder in Hinterhöfen Kaninchen und anderes Kleinvieh züchteten, das einen Sonntagsbraten hergeben konnte. In Berlin erwog man zeitweise den seltsamen Gedanken, auf dem riesigen Gelände des zerstörten und zu Heizzwecken abgeholzten Tiergartens, der als weiträumiger Park einst eine Zierde städtischer Zivilisation war, Kartoffeln anzupflanzen. Für viele war das Ernährungsproblem zum Hauptthema der Zeit geworden, mit dem sie sich von morgens bis abends beschäftigten.

Der große Sprung nach rückwärts, zurück in ländliche Verhältnisse, erschien auch deshalb ganz verlockend, weil die Stadt als Lebensform nur noch wie das Relikt einer versunkenen deutschen Kultur wirkte. Manche Städte waren durch kriegerische Einwirkung bis zur Unkenntlichkeit verunstaltet, andere sogar total zerstört. Berühmte Metropolen, an denen arbeitsame Generationen jahrhundertelang gebaut hatten, boten auf Schritt und Tritt einen trostlosen Anblick. Würden anstelle dieser gespenstischen Trümmerfelder jemals wieder menschliche Siedlungen entstehen? Das einzige Zeichen neuen Lebens, das aus den Ruinen blühte, war vorerst nur das auf den Schuttbergen üppig sprießende Unkraut.

Die trotz Bombenkrieg und Kampfhandlungen in den Städten verbliebene Bevölkerung und die von der Front, aus der Gefangenschaft und aus ländlichen Notquartieren zurückflutenden Städter wurden »auf engstem Raum zusammengedrängt«, um eine makabre Floskel zu verwenden, die während des Krieges in Wehrmachtsberichten über Kesselschlachten üblich war. Der Krieg hatte in vielen Wohnvierteln so gewütet und so viel Wohnsubstanz zerstört, daß mancher nunmehr im Bunker oder einem eilig hergerichteten Massenquartier leben mußte und häufig mehrere Personen ein einziges Zimmer bevölkerten. Guterhaltene Fenster und Türen in den halbwegs geretteten Wohnungen waren ein Luxus, um den Wohnungsinhaber beneidet wurden. Oft wurden zersprungene Fensterscheiben mit Pappe mühsam geflickt oder ersetzt und Löcher in Decken und Wänden notdürftig zugestopft. Andere Spuren des Krieges fanden kaum Beachtung, sofern man nur das Glück hatte, ein Dach über dem Kopf zu besitzen.

Indessen wälzten sich Trecks mit Millionen Flüchtlingen und Vertriebenen ins alte Reichsgebiet und stellten die Behörden vor unlösbare Versorgungs- und Unterbringungsprobleme. In vielen Städten war der Wohnungsbestand auf die Hälfte zusammengeschrumpft, in anderen stand kaum noch ein heiles Gebäude. Zeitweise griffen die Ämter zu dem fragwürdigen Mittel der Zuzugssperre, unternahmen also den Versuch, von den überfüllten Gemeinden und Ballungszentren fast alle Personen fernzuhalten, die auf der Suche nach Unterkünften und einer neuen Existenz den Wohnort wechselten, vielleicht auch ohne sicheres Ziel umherirrten. Neben dem Rückfall in die Tauschwirtschaft geldloser Zeiten drohte also auch eine skurrile Form der Autarkie, die an Geschichtsperioden erinnerte, in denen sich die winzigsten Territorien durch starke Beschränkung der Niederlassungsmöglichkeiten, Zunftwesen, Zollschranken usw. von der Außenwelt abgeriegelt hatten. Der Zustand großer Städte ließ den Hang zu rigoroser Selbstversorgung sogar begreiflich erscheinen. In einigen stark zertrümmerten Stadtbezirken Berlins und Hamburgs lebten die Einwohner wie Höhlenmenschen unter der Erde: in mühsam instandgesetzten Kellern, die sich kilometerweit durch Ruinenstraßen erstreckten.

Amtspersonen, Verwaltungen, Firmen, Gewerbebetriebe und neu entstehende Zeitungsredaktionen arbeiteten in zerstörten Gebäuden, die man in normalen Zeiten für baufällig erklärt und schleunigst geräumt hätte. Der Schriftsteller Hans Habe, der als amerikanischer Major nach Deutschland kam, um das Pressewesen neu aufzubauen, berichtet in seinen Erinnerungen über ein bezeichnendes Erlebnis in einem Kasseler Verlags- und Druckhaus:

»Ich war am Abend angekommen und hatte keine Gelegenheit gehabt, mich im Gebäude umzusehen. Mitten im Umbruch fragte ich einen Drucker nach der Toilette. Das Gebäude hatte, außer in den Maschinensälen, kein elektrisches Licht. Ich tastete mich nach der Toilette durch. Plötzlich, während ich an der Toilette stand, kam mir zu Bewußtsein, daß es in einem geschlossenen Raum nicht ganz so kalt sein könne. Ich suchte die Wand: sie war nicht vorhanden. Die Toilette hatte nur drei Wände: Ich stand am Rande eines zwei Stock tiefen Abgrunds...«

Solche überraschenden »Durchblicke« boten sich in manchen ehemals repräsentativen Geschäftshäusern, wenn natürlich auch die Situation nicht immer so lebensgefährlich war wie im geschilderten Fall. Zahlreiche Büros und Geschäftsräume in beschädigten Häusern befanden sich jedoch in einem erbärmlichen Zustand und trugen, nachdem das Wirtschaftsleben langsam wieder in Gang gekommen war, zunächst alle Merkmale der Improvisation. Büromöbel waren nur spärlich vorhanden. Oft fehlte es an Sitzgelegenheiten, so daß sich Mitarbeiter und Besucher im Sitzen abwechseln mußten. Nicht selten nahmen die Angestellten zur Abwicklung der Geschäfte auf den Tischen Platz, sofern davon genug vorhanden waren.

Die groteskesten Szenen gab es bei der vorläufigen Hauptbeschäftigung der Deutschen, der Jagd nach Nahrungsmitteln. Selbst nach den rationierten Lebensmitteln mußten die Hausfrauen Schlange stehen, um noch rechtzeitig wenigstens die geringen Mengen zu erhalten, die ihnen auf Karten zustanden. Es war noch nicht einmal sicher, ob man an Stelle der vorgesehenen Fleischration nicht mit Eiern oder Fisch vorliebnehmen mußte. Von den amtlich zugeteilten Rationen, die zwischen 800 bis 1500 Kalorien pro Tag schwankten, konnte kein Mensch leben. Mediziner schätzten den Bedarf eines Menschen, der den ganzen Tag auf der faulen Haut liegen und seine Kräfte schonen konnte, auf wenigstens 2000 Kalorien. Als »Normalverbraucher-Ration« gab es beispielsweise in einem Monat u.a. 425 Gramm

Fleisch und 265 Gramm Fett. Häufig standen aber auch solche geringen Zuteilungen nur auf dem Papier. Die erbosten Hausfrauen lasen dann in ihrer Zeitung, daß anstelle des »nicht aufgerufenen Fetts 300 g Zucker aufgerufen« würden. Kurze Zeit darauf war auch dieses Versprechen der hilflosen Wirtschaftsbürokratie überholt, und es hieß plötzlich in der Zeitung:

»Die als Ersatz für 50 g Fett zugesagten 300 g Zucker können nicht aufgerufen werden. Sie werden in der nächsten Zuteilungsperiode zusätzlich aufgerufen ...«

Die Lebensmittelkarten mit ihren diversen Abschnitten täuschten nur eine äußere Ordnung vor. In Wirklichkeit herrschten hinter den Kulissen einer auf dem Papier perfekt wirkenden Verteilungsorganisation heilloser Wirrwarr und Mangel an Übersicht. Ständig war man genötigt, Versprechungen und Ankündigungen zu widerrufen oder die aufgebrachte Bevölkerung mit vagen Voraussagen abzuspeisen – so etwa in einer dpa-Meldung vom 24. 4. 1948 aus Frankfurt, die folgenden sibyllinischen Wortlaut hatte:

»Die Verwaltung für Ernährung, Landwirtschaft und Forsten hofft, in den nächsten Monaten die Ausgabe von monatlich 100 Gramm Fleisch an Normalverbraucher aufrechterhalten zu können...«

Der Zorn der Bevölkerung über solche Zustände richtete sich gegen die Behörden. Den Beamten, die verpflichtet waren, die geringen zur Verfügung stehenden Lieferungen schlecht und recht zu verteilen und dem auf dem toten Punkt angelangten zwangswirtschaftlichen System zu dienen – weil es damals nichts Besseres zu geben schien –, kann jedoch kein historisch begründeter Vorwurf gemacht werden. Die Ursachen für das Verteilungschaos, zu dem sich die Kriegswirtschaft des Dritten Reiches zwangsläufig entwickelt hatte, lagen tiefer.

Die schlechte Ernährung lähmte natürlich auch den Arbeitswillen und verzögerte den Wiederaufbau. So meldete der Korrespondent des »Mannheimer Morgen« im Frühjahr 1948 aus dem Ruhrrevier, daß die Brückenarbeiter am Rhein ihre Tätigkeit kaum noch ausüben könnten, »weil sie auf Grund ihres Ernährungszustandes von Schwindelanfällen heimgesucht werden und ständig in Gefahr sind, in den Strom zu stürzen«.

Mancher konnte sich vor dem Verhungern oder dem völligen Verfall seiner Kräfte nur durch von Amerikanern gespendete Carepakete retten. Kinderspeisungen, amerikanische Sonderlieferungen aus den Beständen der Besatzungsmacht und Hilfeleistungen im Rahmen des 1947 angelaufenen Marshallplanes linderten die allerärgste Not. Wer als Deutscher einen Arbeitsplatz bei einer amerikanischen Dienststelle fand, fühlte sich als Angehöriger einer privilegierten Klasse, denn er konnte sich von amerikanischen Küchen verpflegen lassen, gelegentlich auch Schmalz- und Fleischkonserven in Empfang nehmen und kam so leichter über die Hungerzeit hinweg. Zigarettenraucher oder Nichtraucher, die Tabak zu Tauschzwecken sammelten, schätzten es sehr, wenn ein großzügiger Amerikaner ihnen Zigaretten schenkte. Viele gingen auch so weit, daß sie halb angerauchte Zigaretten den Aschenbechern in amerikanischen Kantinen entnahmen oder Zigarettenkippen auflasen und aus den Tabakresten neue Zigaretten »herstellten«.

Zahllose Großstädter fuhren in überfüllten, bis auf die Trittbretter besetzten Zügen hinaus aufs Land, um Textilien, Wäsche und Haushaltswaren aus ihren Restbeständen gegen Lebensmittel einzutauschen. Mehr oder weniger wertvolle Stücke aus städtischen Haushaltungen gelangten durch den Tauschhandel in den Besitz der Landbevölkerung. Das nahm Formen an, die zu dem – wahrscheinlich übertrieben boshaften – Gerücht führten, die Bauern müßten sogar ihre Kuhställe mit den ihnen überlassenen Teppichen auslegen, weil ihre Wohnungen schon mit Tauschgütern aus der Stadt vollgestopft seien. Ein Kuriosum war der sogenannte Herings-Express, ein zwischen Wasserkante und Binnenland verkehrender Zug, dessen Abteile auffallend nach Fisch dufteten, weil hier ständig Hamsterer unterwegs waren, die im Tauschverfahren an der See Bücklinge, Heringe oder ähnliches ergattert hatten und viele Kilometer weit in ihre Heimatorte beförderten.

Auch Leute, die sonst Sitte, Anstand und Achtung vor den Gesetzen als selbstverständlich ansahen, waren im täglichen Ringen um die nackte Exisenz zu illegalen Handlungen gezwungen. Die Unzahl der dirigistischen Bestimmungen konnte niemand mehr beachten, der sich und seine Angehörigen nicht dem Hungertod preisgeben wollte. Es kam allerdings auch zu schweren Verbrechen, Raubüberfällen, Einbrüchen in Lebensmittellager, Diebstählen von Lebensmittelkarten und sogar blutigen Auseinandersetzungen innerhalb von Familien um die kärglichen Lebensmittelrationen. Gelegentlich berichtete die Presse über solche Delikte, eine zusammenhängende polizeiliche Chronik gab es noch nicht, vieles geschah im Verborgenen und wurde nie geahndet.

Schließlich hatten auch die Betriebe keine andere Wahl, als die amtlichen Bestimmungen zumindest teilweise zu umgehen. Der kleine Lebensmittelhändler, der seinen Betrieb aufrechterhalten und persönlich nicht völlig herunterkommen und verarmen wollte, mußte einen Teil der ihm zugewiesenen Ware als Entgelt für Dienstleistungen abzweigen und bei passender Gelegenheit auch mal »hintenrum« ein paar Pfund Kartoffeln und etwas Gemüse gegen Sachwerte oder überhöhte Preise abgeben. Denn damit sicherte er sich ein gewisses Betriebskapital. Ein Verkauf der *gesamten* Ware zu den amtlich vorgeschriebenen Niedrigpreisen war der sichere Weg zum geschäftlichen Ruin. Ähnliche Erwägungen bestimmten auch die Geschäftspolitik größerer Betriebe und Fabriken. Wer laufend Nachschub an Rohstoffen und anderen Zulieferungen brauchte, konnte sich kaum auf die amtlich zugeteilten Kontingente verlassen, seine Vorräte aber auch nicht gegen wertlose Reichsmark restlos abstoßen. Ein gewisser Bestand an »grauer« Ware war einfach notwendig, um den Betrieb existenzfähig zu erhalten.

Es war üblich, daß Großbetriebe ihre Mitarbeiter zusätzlich zum Geldlohn mit Waren bezahlten, die – wenn sie von den Betriebsangehörigen nicht selbst verwendet wurden – in den Tauschhandel wanderten. Mit Reichsmark allein war keine Einsatzbereitschaft zu erzielen. Eisenverarbeitende Betriebe stellten als Nebenprodukte Bratpfannen, Bügeleisen und Feuerzeuge her, die von den Betriebsangehörigen auf längeren Landpartien gegen Lebensmittel eingetauscht wurden. Mitunter wurde aus beiseite geschafften Rohstoffen oder Abfällen auch Schund angefertigt, der sich ganz nebenher zu hohen Preisen an warenhungrige und auf bezugsscheinfreie Gegenstände irgendwelcher Art erpichte Leute abstoßen ließ. So erschienen auf dem kümmerlichen freien Markt, der offiziell geduldet wurde, klobige Aschenbecher, geschmacklose Kerzenleuchter, häßliche Holzfiguren und anderer fast wertloser Plunder, den nach der Währungsreform bald niemand mehr haben wollte.

Einen Rest von Bewegungsfreiheit gab es auch auf dem Gebiet der Kultur. Das Theaterleben kam schnell wieder in Gang, es gab sogar bemerkenswerte künstlerische Leistungen, welche die allgemeine Misere zeitweise vergessen ließen. Antiquarische Bücher wurden angeboten, und die ersten Neuerscheinungen aus der Feder von Autoren der äußeren und inneren Emigration – zum Teil auf »schwarz« gekauftem Papier gedruckt – fanden ein interessiertes Lesepublikum.

Sonst aber unterlagen alle Güter vom Knopf bis zur Kleidung, von der Schraube bis zur Maschine den Bewirtschaftungsvorschriften. Niemand konnte mehr den Wirrwarr von Vorschriften, Bestimmungen und Ausführungsbestimmungen übersehen, wahrscheinlich noch nicht einmal die Ämter selbst. Das Bezugsscheinsystem war nur noch ein gespenstisches Spiel mit bedrucktem Papier und Zahlen und hatte kaum noch Bezug zur Wirklichkeit. Hatte man nach einem längeren Nervenkrieg endlich einen Bezugsschein etwa für einen Pullover oder einen Mantel von seinem Wirtschaftsamt erhalten, besaß man noch lange keine Gewißheit, das Stück auch im Laden kaufen zu können. Weder der Textilhandel noch die Textilhersteller sahen sich imstande, alle ausgegebenen Bezugsscheine schnell zu beliefern. Aus Selbsterhaltungstrieb waren sie auf schwarze oder graue Bestände angewiesen. Welche verzwickten Geschäfte sie machen mußten, ist aus einem Bericht des »Münchner Mittag« vom 27. Dezember 1946 aus Berlin zu ersehen:

»Ein Strickwarenhändler verkauft monatlich drei Pullover

zum festgesetzten Gegenwert. Die übrigen werden ganz offen zu enormen Überpreisen abgesetzt. Er bekommt Bezugsscheine für Wolle, die nur zu einem Drittel beliefert werden. Den Rest muß er schwarz kaufen. Dem Woll-Lieferanten geht es ähnlich. Er bezieht seine Ware über einen befreundeten Textilkaufmann, wobei sich ein Butterhändler dazwischenschaltet. Der Mann, der das Material mit seinem Wagen anliefert, muß den Preis in Zigaretten für einen dritten, der irgendwo in Sachsen sitzt, umrechnen. Jedermann weiß das...«

Solche hochkomplizierten Ringtauschverfahren waren die Folge eines Bewirtschaftungssystems, das sich durch den angestrebten Perfektionismus selbst ad absurdum führte und lahmlegte. Aus dem Teufelskreis des Dirigismus schien es dennoch kein Entrinnen mehr zu geben. Würde nicht jede Lockerung der bürokratischen Fesseln, in die man die Wirtschaft geschlagen hatte, die letzten Überbleibsel einer mühsam bewahrten oder auch nur vorgestäuschten Ordnung beseitigen und die Versorgung der allerärmsten Mitbürger – so dürftig sie auch war – überhaupt völlig unmöglich machen? So glaubten damals viele. Und die Horrorzahlen der Statistik bestärkten sie in diesem Glauben. Da hieß es, daß jeder Deutsche nur alle fünf Jahre einen Teller bekommen könne, alle zwölf Jahre ein Paar Schuhe und nur alle fünfzig Jahre einen Anzug. Nur noch jeder fünfte Säugling könne in eigenen Windeln liegen und lediglich jeder dritte Deutsche hätte die Chance, in einem eigenen Sarg begraben zu werden. Auch hatte ein Frankfurter Bürgermeister errechnet, daß man in seiner Stadt schon allein für die Trümmerbeseitigung dreißig Jahre brauchen werde. Einem Darmstädter Kommunalbeamten wird die Äußerung zugeschrieben, daß man mit den üblichen Zementzuteilungen weit länger als ein halbes Jahrtausend brauchen werde, um Darmstadt wieder aufzubauen.

Mit solchen Berechnungen sollte die Notwendigkeit begründet werden, weiterhin rigoros zu rationieren und zu reglementieren. Die statistischen Schätzungen konnten allerdings auch den Gedanken nahelegen, daß die Planer und Bewirtschafter sich in eine totale Sackgasse hineinmanövriert hatten und auf diesem

Wege einfach nicht mehr weiterzukommen sei. Auch hatten die Statistiker nicht berücksichtigt, daß nichts schwerer ist, als menschliche und materielle Reserven in exakte Zahlen zu fassen, und daß sich in einer anderen – einer freiheitlichen Ordnung ungeahnte Kräfte in Deutschland in Bewegung setzen und mit ihren Leistungen alle pessimistischen Kalkulationen über den Haufen werfen würden. Bis auf eine geringe Zahl weitsichtiger Wirtschaftswissenschaftler und Wirtschaftsexperten waren in den Notjahren nach 1945 alle Menschen ratlos und legten sich die bange Frage vor: Müssen die Deutschen bis in alle Ewigkeit bettelarm bleiben?

»Bizonesien« – die Keimzelle der Bundesrepublik

Die Neuordnung Westdeutschlands, eines wesentlichen Teils des ehemaligen Reiches, ging von einem Gebiet aus, das im leicht ironischen Pressejargon und bald auch im Volksmund »Bizonesien« hieß. Die seltsame Bezeichnung war auf keiner Landkarte zu finden. Man meinte damit das Vereinigte Wirtschaftsgebiet (Bizone), zu dem sich die amerikanische und die britische Besatzungszone zusammengeschlossen hatten. Es wurde zur Keimzelle der Bundesrepublik Deutschland, hier entstanden schließlich – nach unsäglichen bürokratischen und materiellen Anfangsschwierigkeiten – die ökonomischen Fundamente des neuen demokratischen Staatswesens. Nach dem späteren Anschluß der französischen Zone bürgerte sich der Name »Trizonesien« als nichtamtliche Bezeichnung ein. Niemand glaubte so recht, daß aus einer Verwaltungseinheit mit beschränkter Hoheit und beschränkter Haftung ein lebensfähiger Staat entstehen würde. Im Volk nahm man nach all den jahrelangen Enttäuschungen und Entbehrungen das Gebilde nicht recht ernst, es war in einer Zeit, in der »Ersatz« die Stunde beherrschte, bestenfalls ein Ersatz-Vaterland. Die stets zum Galgenhumor aufgelegten respektlosen Kölner Jecken besangen es mit dem Karnevalsschlager: »Wir sind die Eingeborenen von Trizonesien ...«

Solche Verballhornungen offizieller Namen klingen verspielt. Ein in der Realität nicht existierender oder nicht identifizierbarer Staat in einem utopischen Roman könnte so heißen. Und in der Tat haftete der bizonesischen Szene etwas Unwirkliches an. Die alliierten Behörden hatten mit dem Zusammenschluß der westlichen Zonen zunächst keine Staatsgründung beabsichtigt, wurden aber dann durch die Macht der Verhältnisse am Ende doch dazu gezwungen.

Die »Hauptstadt« des neuen Gebildes, das sich vorerst nicht Staat nennen sollte, war – genau genommen – keine Stadt mehr, sondern eine am Main gelegene ungeheure Wüstenei, aus der bizarre Gebäudereste herausragten. Es kostete schon einige Mühe, zwischen den Ruinen Wahrzeichen und Spuren der alten Wirtschaftsmetropole Frankfurt am Main zu erkennen. Historische Bauten wie Dom, Römer und Hauptwache waren ausgebrannt. Die berühmte Altstadt, Stolz der Frankfurter, bot ebenso wie weite Teile der anschließenden City das trübselige Schauspiel eines total vernichteten Gemeinwesens. Allerdings hatte die Frankfurter Bevölkerung unter Führung des Oberbürgermeisters Kolb und der Stadträte bereits 1946 damit begonnen, wichtige Straßen vom Trümmerschutt freizuschaufeln. 1947 folgte auf Initiative Walter Kolbs der Wiederaufbau der Paulskirche, der einstigen Tagungsstätte des ersten gesamtdeutschen Parlaments und damit eines Symbols der Demokratie, und des Goethehauses, der Geburtsstätte des größten deutschen Dichters. Eine frisch gegründete Trümmerverwertungsgesellschaft verarbeitete den aus Frankfurts Straßen reichlich herangelieferten Trümmerschutt zu neuen Baustoffen. Alle diese Aktivitäten hatten etwas Rührendes, bildeten aber – aus heutiger Sicht – nur ein bescheidenes Vorspiel zum stürmischen Wiederaufbau der deutschen Städte und der deutschen Wirtschaft, der erst in der zweiten Jahreshälfte 1948 einsetzte.

Am 25. Juni 1947 trat in einem Seitenflügel der Frankfurter Börse an der Börsenstraße der Wirtschaftsrat der Bizone zu seiner konstituierenden Sitzung zusammen. Die Trümmerstadt am Main war nach mehrmaliger Umgruppierung der bizonalen Verwaltungen zum endgültigen Sitz des zentralen deutschen Gremiums der Bizone bestimmt worden. Der dem Wirtschaftsparlament zur Verfügung gestellte Trakt des repräsentativen Gebäudes im Zentrum Frankfurts hatte im Gegensatz zu anderen Gebäudeteilen den Krieg heil überstanden. Zur Feier des Tages wurden in der Stadt schwarz-rot-goldene Fahnen gehißt. In Frankfurt war man an diesem Sommertag stolz darauf, daß hier im Herzen Westdeutschlands ein Stückchen neuer deutscher Souveränität heranwuchs.

Der Wirtschaftsrat war ein Parlament von zunächst 52 und

später 104 Abgeordneten, die von den bereits existierenden Landtagen westdeutscher Länder gewählt wurden. Daneben gab es eine Art Regierung, die sich schlicht »Verwaltungsrat« nannte, und einen Länderrat, dem eine ähnliche Rolle zufiel wie heute dem Bundesrat. Über dem Ganzen thronten die alliierten Behörden, die das letzte Wort behielten. Dem gewöhnlich als »Wirtschaftsrat« bezeichneten Parlament oblag die Gesetzgebung auf lebenswichtigen Gebieten, es besaß aber keinerlei Eingriffsmöglichkeiten in die große Politik.

Der Verwaltungsrat bestand aus einem Oberdirektor und zunächst fünf Direktoren, deren Zahl später erhöht wurde und die für Ressorts wie Wirtschaft, Finanzen, Verkehrswesen und ähnliche Aufgaben der Exekutive zuständig waren. Von den Gesetzen, die im Wirtschaftsrat beschlossen wurden, fand nur etwa jedes dritte die uneingeschränkte Zustimmung der Alliierten. Der Frankfurter Regierungsapparat, wenn wir ihn mal so nennen wollen, bot – ebenso wie die Stadt, in der er amtierte – vorerst keinen sonderlich erhebenden Eindruck.

Das lag jedoch kaum an den Männern, die sich hier versammelt hatten. Ihre Vollmachten und ihr Mitspracherecht waren begrenzt, und aus der allgemeinen Not schien es keinen sofortigen Ausweg zu geben. Am guten Willen der Politiker und Wirtschaftspolitiker der ersten Stunde war nicht zu zweifeln, nicht wenige von ihnen – wie z. B. der Gewerkschaftssekretär Theodor Blank, der Rechtsanwalt und Verleger Gerd Bucerius und die Industriellen Alex Haffner, Hans Wellhausen und Günter Henle – brachten wirtschaftlichen Sachverstand und praktische Lebenserfahrungen mit, die sie zu einem gesunden Urteil über notwendige wirtschaftliche Maßnahmen befähigten. Die Sitzungssäle und Amtsräume der in Frankfurt amtierenden Gremien entsprachen den allgemein herrschenden dürftigen Wohn- und Arbeitsbedingungen. Die Abgeordneten tagten in einem behelfsmäßigen Sitzungssaal, der als Mehrzweck-Saal diente. Abends fanden dort Vorstellungen der städtischen Bühnen Frankfurts statt, die ihre Häuser im Bombenkrieg verloren hatten und am 30. September 1945 in diesem provisorischen Rahmen die erste Oper aufführten. Das in der Börse untergebrachte Parlament besaß also nicht einmal einen Plenarsaal, über den es allein verfügen konnte. Die verschiedenen Ressorts des Verwaltungsrates waren über mehrere Häuser in Frankfurt oder in der Nähe Frankfurts verstreut. Die Verwaltung für Wirtschaft saß in einer alten Kaserne in Frankfurt-Höchst. Im I.G.-Hochhaus, dem imposanten Verwaltungsgebäude im umgrünten Nordwesten der Stadt, das den Krieg überstanden hatte, befanden sich das amerikanische Hauptquartier und das alliierte Zweizonen-Amt.

Viel brachte der Wirtschaftsrat in der ersten Zeit seines Bestehens nicht zuwege. Dabei waren sich die maßgebenden Männer des Frankfurter Wirtschaftsparlaments durchaus darüber klar, daß man entscheidende Schritte zur Linderung der Not von ihnen erwartete. Der 72jährige Alterspräsident Schlack sagte in der Frankfurter Eröffnungssitzung vom 25. Juni 1947:

»Zwei Jahre des Experimentierens haben das deutsche Volk und seine Wirtschaft fast zum Erliegen gebracht. Die Ernährung ist auf einem Tiefpunkt angelangt, auf dem es produktiv tätige Menschen auf die Dauer nicht mehr geben kann...«

Ähnlich äußerten sich die Sprecher der großen Parteien, die ein düsteres Bild der Lage zeichneten, aber zugleich damit die Hoffnung verknüpften, daß man bald einen Weg aus der Misere finden werde. Auch weitblickende amerikanische Politiker schätzten den Ernst der Lage richtig ein. Außenminister Byrnes, sein Nachfolger General Marshall und Militärgouverneur Clay ließen keinen Zweifel daran, daß Westdeutschland nicht auf ewige Zeiten das Armenhaus Europas und Kostgänger der westlichen Alliierten bleiben könne, sondern bald auf eigene Füße gestellt werden müsse. Dem amerikanischen General Lucius D. Clay fiel immer mehr die historische Rolle zu, anstelle einer noch nicht existierenden voll handlungsfähigen deutschen Regierung hinter den Kulissen deutsche Politik zu machen und die nötigen Anstöße für den Aufbau einer deutschen Demokratie zu geben. Clay war wie ein Adoptivvater, der anfangs ein wenig zögernd seine ungewohnte Rolle übernimmt, sich dann aber für den ihm anvertrauten Sprößling entschlossen und verantwortungsbewußt einsetzt. Er war nicht als ausgesprochener Freund der Deutschen in die amerikanische Besatzungszone gekommen, gehörte aber bald zu der einflußreichen Gruppe alliierter Kenner der deutschen und europäischen Verhältnisse, die eine Zerstörungspolitik à la Morgenthau ablehnten und dem besiegten Volk neue Lebensmöglichkeiten zu eröffnen suchten. Im Mai 1946 verfügte er die Einstellung des Abtransports westdeutscher Reparationsgüter nach Rußland »bis zur endgültigen Zusicherung, daß die Vorschriften zur Behandlung Deutschlands als wirtschaftliche Einheit auch tatsächlich durchgeführt werden«. Der deutsch-amerikanische Journalist Norbert Mühlen sprach später von einem »brillanten Schachzug« des Generals, der angeordnet habe, »daß Krupps Eigentum der Beschlagnahme durch den Befehlshaber derjenigen Zone unterlag, in der es sich befand«. Damit wurde die Mitbestimmung Moskaus an der Ruhr verhindert.

Die westlichen Alliierten – wie übrigens auch die Deutschen – dachten jedoch nur mit Unbehagen an die Möglichkeit, einen westdeutschen Staat zu schaffen, obwohl die Aussicht auf eine deutsche Wiedervereinigung unter reellen Bedingungen sehr gering war. Alle Nachkriegskonferenzen scheiterten an den sowjetischen Machtansprüchen und hohen Reparationsforderungen. Die Russen wollten möglichst viele Industrieausstattungen und Industriegüter aus den Westzonen herausholen, überließen aber die Ernährung der westdeutschen Bevölkerung völlig ihren westlichen Kriegsverbündeten und waren zu keinen Lebensmittellieferungen aus den einstmaligen landwirtschaftlichen Überschußgebieten des deutschen Ostens bereit. Schon gleich nach dem Einmarsch ihrer Truppen hatten sie vollendete Tatsachen geschaffen und in ihrem Besatzungsgebiet den Aufbau einer kommunistischen Wirtschafts- und Gesellschaftsordnung eingeleitet. Da die Trennung praktisch von der anderen Seite schon vollzogen war, gab es für den Westen nur noch zwei Möglichkeiten: Entweder mußte man auf westdeutschem Territorium ein Machtvakuum und ständiges Elendsgebiet in Kauf nehmen, das leicht zur Beute von außen gesteuerter Umsturzbewegungen oder Stellvertreter-Angriffe werden konnte – oder man war einfach gezwungen, einen wirtschaftlich lebensfähigen und schließlich auch politisch stabilen westdeutschen Staat ins Leben zu rufen. Skeptiker unter den Kriegsverbündeten, die den Deutschen mißtrauten oder eigene machtpolitische Ziele verfolgten, zögerten die notwendigen Entscheidungen lange hinaus. Auch mit dem Gedanken, durch eine getrennte Währungsreform das einheitliche deutsche Wirtschafts- und Währungsgebiet (das als Fiktion und auf dem Papier des Potsdamer Abkommens der Siegermächte ein Scheinleben fristete) endgültig zu zerreißen, konnte man sich nur langsam anfreunden. Das war einer der Gründe, warum die dringend notwendige Operation reichlich spät erfolgte.

Maßgebenden deutschen Politikern war die Idee einer staatlichen oder auch nur währungsmäßigen Absonderung Westdeutschlands noch mehr zuwider als den westlichen Alliierten. Als sich die Westmächte längst dazu durchgerungen hatten, den Westdeutschen einen eigenen Staat oder wenigstens ein eigenes Währungs- und Wirtschaftsgebiet zuzubilligen, spürten sie noch immer starken deutschen Widerstand. Nur wenige unter den deutschen Wortführern erkannten, daß die Wiedervereinigung für absehbare Zeit eine Schimäre bleiben und kein Weg an der getrennten Lösung vorbeiführen werde. Sir Brian Robertson, der britische Kollege Clays, mußte noch am 7. April 1948 dem nordrhein-westfälischen Landtag wie einem kranken Pferd zureden und mit folgenden beschwörenden Sätzen an die Abgeordneten appellieren, um für den geplanten westdeutschen Staat Stimmung zu machen:

»Die Rettung Deutschlands liegt in Ihrer Hand. Sie können die Zukunft gewinnen oder verspielen. Es mag wichtig sein, daß man ein guter Parteimann ist. Es ist wesentlich wichtiger, ein guter Deutscher zu sein. Wenn Sie in diesem Punkt versagen, werden Sie eines Tages aufwachen und feststellen, daß Ihre Partei Ihre Unterstützung nicht mehr benötigt, weil sie nicht mehr existiert...«

Bis zur Währungsreform konnte von einem Heilungsprozeß für die deutsche Wirtschaft keine Rede sein. Alle in Frankfurt beschlossenen Maßnahmen waren Notbehelfe, und manche von ihnen verschlimmerten sogar den Zustand des westdeutschen Wirtschaftskörpers. Die immer strengere Bewirtschaftung des Mangels lähmte Unternehmungslust und Produktionskraft, die Unterdrückung jeder privaten Initiative stärkte zwar den Willen zur heimlichen Selbsthilfe, verminderte aber die Bereitschaft zur Solidarität. Es kam zu absurden Anordnungen, die – wenn man sie heute nachliest – grotesker anmuten als die Visionen Orwells oder die sarkastischen Schilderungen Parkinsons, des großen Satirikers und Kritikers einer entfesselten Bürokratie. Eines Tages verlangten die Besatzungsmächte ein sogenanntes »Speisekammergesetz«, das die Behörden ermächtigen sollte, die Lebensmittelvorräte in allen Haushaltungen zu kontrollieren. Die deutschen Stellen wehrten sich nach Kräften gegen diese Zumutung, mußten sich aber schließlich dem Willen der Alliierten fügen. Das Gesetz wurde erlassen, seine Ausführung scheiterte aber an den praktischen Schwierigkeiten. Konnte man von jedem Haushalt die Ausfüllung eines Fragebogens mit genauen Angaben über jedes vorrätige Pfund Kartoffeln oder jedes heimlich ergatterte Stückchen Speck erwarten? Oder hätten gar viele tausend Polizisten ausschwärmen müssen, um die Speisekammern der Deutschen zu durchstöbern? Eine absurde Vorstellung! Selbst wenn den Behörden unter ungeheurem Aufwand ein paar Zentner gehortete Lebensmittel in die Hände gefallen wären, – hätte dies irgendwas an der allgemeinen Hungersnot geändert und wäre die Beute jemals bei den wirklich Bedürftigen gelandet?

Mit bürokratischen Maßnahmen war die Situation nicht mehr zu meistern. Die wenigen deutschen Wirtschaftsexperten, die nicht in zwangs- und planwirtschaftlichen Vorstellungen befangen waren, hatten zu dieser Zeit keinen großen politischen Einfluß; einige von ihnen lebten noch in der Emigration, andere wirkten in der Stille ihrer Gelehrtenstuben oder saßen hilflos in irgendwelchen Ämtern und konnten sich von der Last der dort herrschenden Vorschriften nicht befreien. Es gab auch Geschäftsleute, die sich infolge der jahrelangen Gewöhnung mit dem Dirigismus abgefunden hatten und sich mit den ihnen zugeteilten Kontingenten, von denen man notfalls immer noch etwas abzweigen konnte, ein bequemes Leben verschafften. Echte Unternehmernaturen und schöpferisch veranlagte Kaufleute fühlten sich jedoch in der Rolle von Verteilern keineswegs wohl. Mancher von ihnen fieberte dem Tag entgegen, an dem man wieder nach erprobten kaufmännischen Regeln produzieren, einkaufen und verkaufen und sich im Wettbewerb emporarbeiten könnte, statt stur und mechanisch kümmerliche Warenmengen zu verteilen. Aber wer konnte den von einem Starrkrampf befallenen deutschen Wirtschaftskörper jetzt noch beleben? Welcher Mann hatte die Einsicht, das Wissen, die Phantasie und die Kraft, eine neue bessere Wirtschaftsordnung zu schaffen? Welchem Deutschen würde man die Macht zubilligen, die unsinnige und unwirksame Verteilungsbürokratie zu beseitigen?

Ludwig Erhard betritt die Szene

Am 2. März 1948 wurde ein bis dahin in der breiten Öffentlichkeit fast unbekannter Wirtschaftsprofessor namens Ludwig Erhard mit dem undankbarsten aller Ämter im Vereinigten Wirtschaftsgebiet betraut: mit der Leitung der Verwaltung für Wirtschaft. Gab es in dem Nichts, das sich deutsche Wirtschaft nannte, überhaupt noch etwas zu verwalten? Erhards Vorgänger, Johannes Semler, war über einen an sich nicht sehr bedeutsamen Vorfall – sozusagen über einen Zwirnsfaden – gestolpert, bevor er irgendwelche Leistungen aufweisen konnte, die in die Wirtschaftsgeschichte eingegangen sind. In einer nicht gerade taktvollen Rede, die sich vielleicht durch die damalige Gereiztheit und Nervosität in einer schier ausweglosen Lage erklären läßt, hatte er den Amerikanern vorgeworfen, sie hätten den Deutschen nur Mais und Hühnerfutter geschickt. Darüber war Militärgouverneur Clay – nicht ganz zu Unrecht – so erbost, daß er Semlers Absetzung verlangte. Auch die deutschen Politiker distanzierten sich von der politisch ungeschickten und sachlich nicht gerechtfertigten Rede. Immerhin hatte Clay im amerikanischen Kongreß Lebensmittellieferungen im Werte von 300 Millionen Dollar für Deutschland durchgesetzt. Das geschah gewiß nicht aus unkritischer Zuneigung zum ehemaligen Kriegsgegner, war aber ein Zeichen für die Korrektheit und Fairneß seiner Amtsführung und sein Bestreben, die Ausbreitung des Elends einzudämmen.

Ludwig Erhard, der seit Oktober 1947 die Bad Homburger Beratungen deutscher Experten über die geplante Währungsreform in der Sonderstelle »Geld und Kredit« leitete, wohnte im Hotel Monopol nahe beim Frankfurter Hauptbahnhof. Vorher hatte er einige Zeit als bayerischer Wirtschaftsminister amtiert, aber nördlich der Mainlinie kannten ihn nur einige wirtschaftspolitisch interessierte Persönlichkeiten. Bei den Amerikanern genoß Erhard, der sich selbst als »amerikanische Entdeckung« bezeichnete, den Ruf eines Fachmannes mit interessanten Gedanken und erwägenswerten Plänen.

Am Abend des 1. März 1948, dem Vorabend seiner Wahl zum Wirtschaftsdirektor, saß Ludwig Erhard noch ziemlich ahnungslos mit seinen Freunden Roland Risse und Walter Bauer beim Bier – einer Spende der Henninger-Brauerei – im dürftig möblierten Hotelzimmer des Monopol. Man diskutierte über die Situation, die sich durch die Absetzung Semlers ergeben hatte. Wer würde sein Nachfolger werden? Wem konnte man die Fähigkeiten und die Durchsetzungskraft für das nicht gerade verlockende Amt zutrauen? Risse, der bald darauf einer der engsten Mitarbeiter des neuen Wirtschaftsdirektors werden sollte, prostete Erhard zu und tippte auf ihn, stieß aber bei dem Angesprochenen auf ungläubiges Erstaunen. Ludwig Erhard konnte sich nicht recht vorstellen, daß die Wahl auf ihn fallen würde. Noch gehörte er ja keiner von den neuen Parteien an, die damit begonnen hatten, um die Ämter zu kämpfen und Regierungsmehrheiten zu bilden. Proporzdenken und Ämterbesetzung nach Parteibuch waren allerdings damals noch nicht allgemein üblich, auch fähige parteilose Fachleute hatten Chancen – besonders wenn heikle Positionen besetzt werden mußten, nach denen sich geeignete Parteipolitiker nicht gerade drängten.

So kam es, daß Ludwig Erhard am darauffolgenden Tag, dem 2. März, überraschend zum neuen Wirtschaftsdirektor gewählt wurde. Eine Gruppe von Mitgliedern des Wirtschaftsparlaments, darunter vor allem zwei hervorragende Persönlichkeiten aus dem Unternehmertum, Alexander Haffner und Otto Seeling, hatten sich mit Wärme für Ludwig Erhard eingesetzt; sie kannten den Mann und seine modernen wirtschaftspolitischen Auffassungen und waren von seinem Können überzeugt. Allerdings erhielt Erhard beim Wahlakt in der Frankfurter Börse nur eine schwache Mehrheit: 48 Abgeordnete stimmten für ihn, 49 leere Stimmzettel wurden abgegeben und sieben Abgeordnete hatten es vorgezogen, gar nicht erst zu erscheinen. »Es fing schlimm genug an«, meinte später Hermann Pünder, der als Oberdirektor des Verwaltungsrates, praktisch also Regierungschef der Bizone, noch weniger Stimmen bekommen hatte. Der Weg Erhards glich von Anfang an einem Hindernisrennen durch schwieriges Gelände, was aber die Zähigkeit und Willenskraft des neuen Wirtschaftsdirektors eher verdoppelte als erlahmen ließ. Seine Hauptgegner saßen in der SPD, die sich im Wirtschaftsrat in der Opposition befand. Ihre oppositionelle Haltung verstärkte sich, als sie hörten, daß sich hier ein Wirtschaftsprofessor zu dem – wie sie glaubten – törichten Gedanken verstiegen hatte, anstelle der Zuteilung und Rationierung von Gütern möglichst bald einen freien Markt einzuführen. War der Mann nicht ein reiner Theoretiker, am Ende sogar ein weltfremder Spinner? Wußte er denn nicht, was im Lande los war, und wie ausgepowert und ausgeplündert die Vorratslager waren? Erhard wußte das sehr wohl, kannte aber auch das Leistungsvermögen, die Dynamik und den Erfindungsreichtum seiner deutschen Landsleute – Eigenschaften, die nur durch die heruntergewirtschaftete Währung und die zwangswirtschaftliche Scheinordnung vorübergehend lahmgelegt waren. Auf die Wiederbelebung solcher Tugenden durch eine bessere Wirtschaftsordnung setzte er seine Hoffnungen.

Auch einzelne CDU-Politiker waren über Erhards Gedanken keineswegs begeistert. Die Skeptiker hielten es für leichtfertig, in diesem Moment höchsten Mangels an die Freigabe der Bewirtschaftung auch nur zu denken. Der unverwüstliche – scheinbar naive – Optimismus des aus Bayern hereingeschneiten Professors war den in Frankfurt versammelten Herren, die täglich die Not vor Augen sahen und ihr mit Paragraphen, Vorschriften und Verordnungen beizukommen suchten, etwas unheimlich. Keiner der Widersacher Erhards handelte aus unredlichen Motiven oder aus Böswilligkeit. Am guten Willen des Wirtschaftsrates war nicht zu zweifeln, und wenn ein großer Teil seiner Mitglieder sich den Plänen des neuen Wirtschaftsdirektors entgegenstemmte, so geschah dies aus Sorge, daß großzügigere Regelungen und die baldige Aufhebung des Zwanges das Elend nur noch verschlimmern würden (was allerdings kaum noch möglich war). Viele Menschen, darunter auch intelligente und erfahrene Politiker, konnten dem Gedankenflug Erhards einfach nicht folgen, es fehlte ihnen an Phantasie und auch am tieferen Verständnis für wirtschaftliche Vorgänge.

Vorbehalte gegen eine baldige Aufhebung der Bewirtschaftung hatte zum Beispiel der prominente CDU-Politiker Hans Schlange-Schöningen, der das Amt des Direktors für Landwirtschaft und Ernährung bekleidete. Der Agrarfachmann und ehemalige Reichsminister in der Weimarer Republik war seiner politischen Herkunft nach ein Konservativer und neigte in der Wirtschaftspolitik – was bei konservativen Agrarpolitikern nicht selten ist – zum Dirigismus und zum Mißtrauen gegen größere ökonomische Freizügigkeit. Auch Konrad Adenauer, damals CDU-Vorsitzender in der britischen Zone, war zunächst von Erhards Ideen nicht erbaut. Als Hermann Pünder bei einem Treffen in Königstein den späteren Bundeskanzler über Erhards Absicht unterrichtete, die Bezugsscheinwirtschaft zu beseitigen, zeigte sich Adenauer konsterniert. Wie mancher andere Politiker befürchtete auch er eine Katastrophe. Der Alte war jedoch durchaus fähig, schnell umzuschalten, wenn er einen Irrtum einsah. Bald nach der Währungsreform wußte er es tatsächlich besser, sicherte sich Erhards Mitarbeit und reservierte für ihn den Posten des Bundeswirtschaftsministers in der ersten Nachkriegsregierung.

Mit den Amerikanern verstand sich Erhard im allgemeinen recht gut – weit besser jedenfalls als sein Vorgänger. Die zupakkende, unkomplizierte Art der Männer aus Übersee, die gleichwohl methodischen Überlegungen zugänglich waren und häufig aus ihrem Land große wirtschaftliche Erfahrungen mitbrachten, entsprach der Mentalität Erhards. General Clay, dessen Ratgeber ihm schon manches Gute über den deutschen Wirtschaftsprofessor berichtet hatten, war mit der vom Wirtschaftsrat getroffenen Wahl durchaus einverstanden. Er konnte sich keinen besseren Mann wünschen. Schon im Jahre 1946 war Clay auf einen Aufsatz des späteren Wirtschaftsdirektors der Bizone in der

»Neuen Zeitung« aufmerksam geworden. Da hieß es zum Beispiel:

»Vielfach herrscht noch die völlig irrige Auffassung vor, daß der freie Wettbewerb zu einer Unterdrückung sozialer Strömungen oder doch zu wirtschaftlichen Störungen führe, während es nach der Überzeugung aller liberal und zugleich sozial orientierten Fachleute doch gerade die Unterdrückung der Freizügigkeit war, die das Gleichgewicht der Wirtschaft störte und sie in immer ausweglosere Krisen verstrickte. Wenn künftig der Staat darüber wacht, daß weder gesellschaftliche Privilegien noch künstliche Monopole den natürlichen Ausgleich der wirtschaftlichen Kräfte verhindern, sondern daß dem Spiel von Angebot und Nachfrage Raum bleibt, dann wird der Markt den Einsatz aller wirtschaftlichen Kräfte in optimaler Weise regulieren und damit auch jede Fehlleistung korrigieren...«

Solche unkonventionellen, dem damals herrschenden Zeitgeist widersprechenden Meinungen imponierten dem Militärgouverneur, der als echter Amerikaner den Sinn für free enterprise noch nicht verloren hatte und in seiner langen militärischen Laufbahn nicht zum Bürokraten geworden war, sondern wiederholt – zum Beispiel als Leiter des Heeresbeschaffungsamtes – eng mit der Wirtschaft zusammengearbeitet und sich mit Wirtschaftsproblemen vertraut gemacht hatte. Natürlich hatte Clay nicht die Macht, die deutsche Zwangswirtschaft mit einem Federstrich zu beseitigen, aber für Erhard sollte es sich später als Glück erweisen, daß ein politisch denkender und handelnder General von starker praktischer Intelligenz der höchste Repräsentant Washingtons in Deutschland war.

Der neue Wirtschaftsdirektor war nach Herkunft, Lebens- und Berufserfahrung für das heikle Frankfurter Amt wie geschaffen. Die Schwierigkeiten und Hindernisse schreckten ihn nicht, er hatte jahrelang darüber nachgedacht, wie man sie beseitigen könne. In einer nicht ganz leichten Jugend, die er als Sohn eines Einzelhändlers in seiner Geburtsstadt Fürth – der durch ihren Gewerbefleiß seit Jahrhunderten berühmten Schwesterstadt Nürnbergs – zugebracht hatte, war er fürs Leben geprägt wor-

1 Frankfurt am Main 1945

2 Rede-Duell Erhard/Nölting 1948 im Althoff-Bau des Frankfurter Zoos

3 Demontagen

4 Ludwig Erhard bei der Grundsteinlegung zur Bergarbeitersiedlung Penzberg im April 1946

5 General Eisenhower mit Ludwig Erhard auf der Münchener Exportschau (August bis Dezember 1946)

6 Münchener Exportschau August bis Dezember 1946. Ludwig Erhard mit General Clay, dem amerikanischen Außenminister Byrnes und dem bayerischen Ministerpräsidenten Hoegner

7 Wirtschaftsgespräche der amerikanischen und britischen Besatzungszone am 11. Sept. 1946 in Frankfurt am Main

8 Währungsreform – Anstehen zum Geldumtausch

9 Währungsreform – erste Kopfgeldrate: DM 40,–

10 Einkaufen – vor und nach der Währungsreform

11 Franz Böhm
12 Friedrich August von Hayek
13 Walter Eucken
14 Wilhelm Röpke
15 Alexander Rüstow

13

11

14

12

15

16 Zehnter Jahrestag der DM am 20. Juni 1958

17 Alfred Müller-Armack

18 Hermann Pünder
Oberdirektor des
Verwaltungsrates
des Vereinigten
Wirtschaftsgebietes
1948 – 1950

den. Im väterlichen Textilgeschäft kam er frühzeitig mit dem Wirtschaftsleben in Berührung – direkt an der Verkaufsfront einer Branche, die sich immer durch besondere Beweglichkeit ausgezeichnet hatte, aber von Krisen nie verschont blieb. Er absolvierte eine kaufmännische Lehre und lernte die Sorgen und Nöte, Interessen und Wünsche der kleinen Leute, der Verbraucher schlechthin, kennen. Später sollte er im Geschäft des Vaters tätig werden. Der Erste Weltkrieg machte jedoch ihm und seinen Eltern einen Strich durch die Rechnung. Erhard ging als Kanonier an die Front und kehrte so schwer verwundet zurück, daß er nicht mehr hinter dem Ladentisch stehen konnte. Wie so oft in seinem Leben schlug das, was anfangs wie ein Unglück aussah, zu seinem Glück aus. Die besondere Begabung Ludwig Erhards ebnete dem jungen Kaufmann den Weg zum Studium der Wirtschaftswissenschaften in Nürnberg und Frankfurt. An der Universität Frankfurt promovierte er bei Professor Franz Oppenheimer zum Dr. rer. pol. Einige der Gedanken des von ihm verehrten Professors ließen ihn nicht mehr los. Oppenheimer, der als unorthodoxer, dem Marxismus abholder Sozialist galt, vermittelte ihm Verständnis für soziale Fragen und grundlegende wirtschaftliche Erkenntnisse: Das Wissen um den hohen Wert des freien Wettbewerbs für eine gesunde Wirtschaftsordnung und um die Notwendigkeit, solchen Wettbewerb zu schützen und gegen öffentliche und private Monopole zu verteidigen.

Jahrelang befaßte sich Ludwig Erhard als junger Wissenschaftler in dem namhaften Nürnberger Institut für Wirtschaftsbeobachtung mit Fragen der Konsumforschung und vertiefte dabei seine Kenntnisse über den deutschen Markt und das Verhalten der Verbraucher. Die Krönung der akademischen Laufbahn, der Lehrstuhl als Professor, blieb ihm im Dritten Reich versagt, weil er nicht in die Partei eintreten wollte und auch sonst keine Neigung zeigte, den Machthabern seine Reverenz zu erweisen. Er gründete schließlich ein eigenes Institut für Industrieforschung und erwarb sich als Berater die Wertschätzung bedeutender Unternehmer und Manager, mit denen er – weil sie dem Regime skeptisch gegenüberstanden – offen über

Fragen einer neuen Wirtschaftsordnung nach dem Krieg diskutieren konnte. So entstand im Auftrag einiger Industrieller in den Jahren 1943/44 seine später berühmt gewordene Denkschrift über »Kriegsfinanzierung und Schuldenkonsolidierung«, in der die Grundgedanken der von ihm und seinen Mitarbeitern später entwickelten marktwirtschaftlichen Konzeption bereits enthalten sind.

Die fast 300 Seiten starke, mit wissenschaftlicher Akribie verfaßte Schrift war eines der erstaunlichsten Dokumente der deutschen Wirtschaftsgeschichte und legte Zeugnis ab vom geistigen Widerstand gegen die Vergewaltigung der Wirtschaft und die Ausbeutung des wirtschaftenden Menschen durch ein machtbesessenes Regime. Seelenruhig schrieb hier der nicht gerade als Freund der Nazis bekannte Wirtschaftswissenschaftler mitten in einem Staat, der seinen totalen Krieg auch gegen die Gedankenfreiheit der eigenen Bürger führte und sie durch ein ausgedehntes Spitzelsystem überwachen ließ, einen wohldurchdachten, mit ketzerischen Ideen durchsetzten Gegenentwurf zur Kommando- und Schuldenwirtschaft Hitlers nieder. Die entscheidenden Formulierungen dieser im unterkühlten Jargon des Ökonomen verfaßten Arbeit konnten von jedem aufmerksamen Leser als schwere Kritik an der deutschen Kriegswirtschaft wie überhaupt am Dritten Reich aufgefaßt werden.

Neben der längeren Denkschrift gab es noch eine Kurzfassung, die inzwischen verschollen ist; in diesem Kurzexposé hatte sich Erhard so drastisch ausgedrückt, daß es wahrscheinlich seinen Kopf gekostet hätte, wenn das Manuskript in die Hände der Gestapo gefallen wäre. Der mit Erhard befreundete Professor Eschenburg hatte seinerzeit Einblick in das gefährliche Schriftstück. Wie er nach dem Krieg berichtete, war gleich in den ersten Sätzen zu lesen, es stehe einwandfrei fest, daß Deutschland den Krieg verloren habe, und die dringendste Aufgabe sei jetzt die Reform seiner Währung. Der damals als Industrie-Syndikus tätige Tübinger Staatswissenschaftler, dem Erhard an einem Abend im Hause seines Schwagers Karl Guth in Berlin ein Exemplar des kurzen Exposés übergeben hatte, war über die Tollkühnheit des Autors entsetzt. Eschenburg gab ihm begreiflicherweise das heiße Eisen so schnell wie möglich zurück und warnte ihn davor, das brisante Material in seiner Aktenmappe mit sich herumzuschleppen. Erhard blieb unbekümmert. Auch auf der Rückreise von Berlin nach Nürnberg trug er, wie Eschenburg erzählt, immer noch seine Exposés in der Aktenmappe bei sich.

Die im vorletzten Kriegsjahr abgeschlossenen Vorschläge des Wirtschaftswissenschaftlers Ludwig Erhard enthalten im Kern schon die neuartigen Ideen, die der Politiker Ludwig Erhard erst vier Jahre später beim Aufbau seiner erfolgreichen Friedenswirtschaft verwirklichen konnte. Das Dritte Reich hatte, wie der Verfasser der Denkschrift erläuterte, eine »unsichtbare Kriegsfinanzierung« betrieben und seine nach außen kaum in Erscheinung tretenden Anleihen bei den Geld- und Kreditinstituten untergebracht. Auf diese Weise hatte sich der Staat »geräuschlos« gegenüber den Sparern und Kontoinhabern um viele hundert Milliarden Reichsmark verschuldet. (Mit anderen Worten: seine Bürger um eine Riesensumme beraubt, die niemals mehr zurückgezahlt werden konnte.) Die zur Bezahlung der Rüstungslieferungen und der Kriegführung aufgebrachten und in den Umlauf gelangten enormen Geldbeträge würden nach Kriegsende in der zusammengeschrumpften Güterwirtschaft keine Deckung mehr finden, es würde also ein nicht zu bewältigender Geldüberhang entstehen. Erhard machte mit erstaunlicher Weitsicht schon damals deutlich, daß eine Wiedergesundung der Wirtschaft nur dann möglich sei, wenn ein äußerst scharfer Geldschnitt die umlaufende Geldmenge auf ein Zehntel ihres früheren Volumens reduziere. Wörtlich schrieb er:

»Die letzten Illusionen im deutschen Volk hinsichtlich des Wesens seiner Ersparnisse werden mit der kommenden Schuldenkonsolidierung zerstört werden, aber dann wird es auch reif sein für die Erkenntnis, daß die Lasten des Krieges ebenso wie die Notwendigkeit der Wiedergutmachung von Kriegsschäden Opfer erfordern, die bewußt zu tragen würdiger ist als das Verharren in einem dumpfen Selbstbetrug.«

Das Verhältnis zwischen Staat und Wirtschaft sollte neu geordnet und mehr »unternehmerische Freizügigkeit« angestrebt werden, hieß es weiter in der Denkschrift. Der Fiskus müsse darauf verzichten, »sich zum Zwecke des Haushaltsausgleichs der Möglichkeiten der künstlichen Kreditschöpfung zu bedienen«. Mit anderen Worten: der Staat solle seine Hände von der Notenpresse zurückziehen und Staatsausgaben nicht mehr durch Kredite decken. Den privatwirtschaftlichen Betrieben sollten dagegen Finanzierungsmittel in neuer Währung zur Verfügung stehen, um für die Friedenswirtschaft dringend nötige Verbrauchsgüter herzustellen und so zunächst die Bedürfnisse der ebenfalls in vorsichtiger Dosierung mit neuem Geld ausgestatteten Verbraucher zu befriedigen. In einer von den bürokratischen Fesseln befreiten Wirtschaft konnte mit einer solchen Initialzündung, der dann die allmähliche Belebung der Investitionsgüterindustrie folgte, in der zweiten Hälfte des Jahres 1948 tatsächlich die Friedenskonjunktur in Gang gebracht werden.

Was Erhard damals schrieb, stand im völligen Gegensatz zur Wirtschaftsideologie und Wirtschaftspraxis des Dritten Reiches. Die ursprünglich noch halb marktwirtschaftliche Ordnung war längst zu einer Befehlswirtschaft entartet, in der die Unternehmer zwar den schmeichelhaften Titel »Betriebsführer« trugen, aber in Wirklichkeit nur Willensvollstrecker des Staates waren und allenfalls innerhalb der Betriebe noch Arbeitsanweisungen erteilen konnten, jedoch nach außenhin keine Bewegungsfreiheit besaßen. Selbst nach einem gewonnenen Krieg wären die Nationalsozialisten keineswegs von ihren befehlswirtschaftlichen Methoden abgegangen, da sie ja – ähnlich wie die orthodoxen Marxisten, wenn auch mit anderen Mitteln – die totale Macht über alle Lebensbereiche ausüben wollten. Insofern war es äußerst gefährlich, solche Gedanken niederzuschreiben und sogar noch in Form von Memoranden zu verbreiten.

Erhard tat aber etwas noch ungleich Gefährlicheres: Er sandte seine Schrift nicht nur an einige Industrielle, sondern auch an Carl Goerdeler, den später hingerichteten Hauptverschwörer des Putschversuches vom 20. Juli 1944, mit dem er – Ludwig

Erhard – im lebhaften Meinungsaustausch über Wirtschaftsfragen stand. Die Erhard nahestehenden Menschen konnten nur mit Schaudern daran denken, was passiert wäre, wenn die Denkschrift damals in die Hände der Gestapo gefallen wäre! Manche Freunde des offenherzigen fränkischen Wirtschaftsexperten hielten es für bodenlosen Leichtsinn, daß er seine ketzerischen Gedanken so in die Gegend streute.

Der schlichte, manchmal versponnen wirkende Ludwig Erhard, der sich mit großen Ideen für eine freiheitliche Wirtschafts- und Gesellschaftsordnung trug, dem aber nichts ferner lag als die Pose des Helden, legte sich gleichwohl im Denken und Schreiben und oft auch in Gesprächen keinen Zwang an und gab sich erstaunlich sorg- und furchtlos. Ohne den Gedanken an eine mögliche Gefahr bewegte er sich im Dritten Reich mit der seltsamen, beinahe nachtwandlerischen Sicherheit eines Mannes, dem mehr an der von ihm vertretenen Sache als an seiner eigenen Person liegt. Er fand aber in der deutschen Wirtschaft immer Gesinnungsfreunde, denen er vertrauen konnte und die ihm vertrauten. Was eine Katastrophe werden und ihn sein Leben oder seine Freiheit hätte kosten können, wurde schließlich erneut sein Glück: Die Nazis merkten nichts von seiner Verbindung mit den Männern des 20. Juli und seinen umwälzenden Plänen zur Neuordnung der Wirtschaft, und gleich nach dem Krieg kam die Denkschrift in die Hände der Amerikaner, die daraus den Schluß zogen, daß man ihren ideenreichen Autor zum Neuaufbau der deutschen Wirtschaft gut brauchen könne.

Die Tätigkeit Erhards als Leiter der »Sonderstelle Geld und Kredit« spielte sich in der diskreten Atmosphäre einer Villa am Bad Homburger Kurpark ab. Die hier unter Führung Erhards versammelten deutschen Experten konnten sich mit ihren Plänen, die auch einen sofort wirksamen Lastenausgleich vorsahen und damit die einseitige Begünstigung von Sachwertbesitzern vermeiden wollten, gegen die Alliierten nicht durchsetzen. Die Verantwortung für die Währungsreform und ihre technische Abwicklung übernahmen später die Amerikaner. Erhard hatte jedoch durch seine Mitwirkung bei den Vorbereitungen genügend Einblick und Einfluß gewonnen, um den bedeutsamen zweiten Schritt – die Befreiung der Wirtschaft von ihren Fesseln und damit die wirksame Entfaltung des neuen Geldwesens in seinem Verhältnis zum Gütermarkt – sorgsam zu planen und zu vollziehen.

Am 21. April 1948 hielt der am 2. März gewählte Wirtschaftsdirektor seine Antrittsrede vor der 14. Vollversammlung des Wirtschaftsrates. Die industrielle Produktion war inzwischen auf 40 Prozent des Standes von 1936 gesunken und einseitig auf bestimmte Bereiche der Großindustrie konzentriert. Konnte man den Verbraucher noch länger hungern und darben lassen? Unmißverständlich erklärte Erhard, daß es höchste Zeit sei, »das Steuer herumzuwerfen«. Durch eine planvolle Förderung der Verbrauchsgütererzeugung müsse man die heruntergewirtschaftete menschliche Arbeitskraft zu höherer Leistung bringen. In konsequenter Fortführung der Gedanken, die er schon während des Krieges an führende Männer der Industrie und an Carl Goerdeler herangetragen hatte, sagte Erhard wörtlich:

»Die Versorgung der arbeitenden Bevölkerung mit Verbrauchsgütern und ausreichender Ernährung bedeutet in unserer Situation nur eine besondere Spielart produktiver Investition; aus diesem Grunde schien es mir auch berechtigt, Kredite für Nahrungsmittelimporte nicht als Konsumtiv-, sondern als Produktivkredite rangieren zu lassen...«

In völliger Offenheit wandte sich Erhard – zum Mißfallen eines großen Teiles seiner Zuhörer – gegen die Bewirtschaftung des immer krasser um sich greifenden Mangels:

»Die Fiktion einer totalen Bewirtschaftung aufrechterhalten zu wollen, wenn ringsherum... die Kompensation üppigste Blüten treibt, kann im Ergebnis nur zu einer weiteren Unterhöhlung der Moral, zu einer stillschweigenden Sanktionierung ungesetzlicher Handlungen und einer Untergrabung der Staatsautorität führen oder – was gleich schlimm ist – die Behörde der Lächerlichkeit preisgeben. Hier muß der Grundsatz gelten, daß ein Optimum wirklich zu erreichen besser ist, als ein Maximum erzwingen zu wollen. Niemand gebe sich mehr der Täuschung hin, daß, in diesem Stadium der Entwicklung und besonders noch vor einer Währungsreform, kategorische Imperative und selbst härteste Strafen die strikte Einhaltung staatlicher und moralischer Gesetze noch zu gewährleisten vermöchten, wenn diese nicht mindestens die Chance der Existenzerhaltung bieten...«

Noch deutlicher wurde der Wirtschaftsdirektor mit dem Satz:

»Nicht in der Nivellierung des Mangels und der Not, sondern in der gerechten Verteilung eines mählich wachsenden Wohlstandes muß das Heil gesucht und gefunden werden...

Die programmatische Rede Erhards und das darin geäußerte Bekenntnis zur Wirtschaftsfreiheit fanden die Zustimmung des Abgeordneten Haffner, der im Namen der CDU-CSU sprach. Anschließend äußerte auch Franz Blücher als Sprecher der FDP sein Einverständnis. Dann erhob sich der SPD-Abgeordnete Gerhard Kreyssig von seinem Sitz, um leidenschaftlich gegen die Absichten des neuen Mannes zu polemisieren.

Die wackeren Männer der Opposition im Wirtschaftsrat hörten die Botschaft, aber sie glaubten ihrem Verkünder nicht; sie hielten den Wirtschaftsprofessor für einen Utopisten, der ihnen ein in diesen düsteren Zeitläuften kaum noch denkbares Reich der Wirtschaftsfreiheit vorgaukelte. Ihr Denken war statisch und auf bestimmte Zahlen fixiert, sie gingen von Größenordnungen aus, die Statistiker gemeldet hatten (obwohl niemand die Richtigkeit der Schätzungen und Berechnungen über Gütervorräte nachprüfen konnte); sie konnten nicht begreifen, daß auch der Punkt Null oder besser gesagt: ein kleines Plus hinter dem Komma der Null noch die Möglichkeit weiterer Entwicklung bot, wenn man es nur richtig anpackte. Diese redlichen, aber nicht mit dem Vorstellungsvermögen weitblickender Wirtschaftler oder Politiker begabten Männer hatten es in der langen Periode der Zwangswirtschaft verlernt, die schlummernde ökonomische Dynamik ihres Volkes und die Fähigkeiten seiner Unternehmer und Arbeitnehmer richtig einzuschätzen. Man war auf der linken Seite des Hauses zum Widerstand gegen Erhards

Pläne entschlossen, auch in der Mitte gab es Vorbehalte.

Natürlich wußte der Wirtschaftsdirektor, daß er im Moment fast vor dem Nichts stand. Aber das konnte seine Zuversicht nicht erschüttern – nicht weil er ein Illusionist war, sondern weil er seit langem die Mittel und Wege studiert hatte, den Mangel zu überwinden.

Neues Geld als einziger Bezugsschein? Erhard bereitet den Durchbruch zur Freiheit vor

Der Entschluß, sein ganzes wirtschaftliches Wissen, seine Lebenserfahrung, seine Energie und seine Überzeugungskraft aufzubieten, um eine freiheitliche Wirtschaftsordnung in Deutschland durchzusetzen, stand für Erhard unverrückbar fest. Er wußte, daß einer solchen Neuordnung ein drastischer Geldschnitt vorangehen müsse, um erst einmal sichere Rechnungsgrundlagen für den neuen Anfang zu schaffen und dem Verbraucher statt nahezu wertloser Papierfetzen gutes Geld in die Hand zu geben. Es war ihm aber auch klar, daß die Währungsreform allein keine entscheidende Wende herbeiführen könne. Was hätte dem Verbraucher neues Geld genützt, wenn seine Nachfrage auch dann noch mangels ausreichender Güterangebote früher oder später ins Leere gestoßen wäre? Und hätte sich jemals ein Gleichgewicht zwischen Gütermenge und Geldmenge einpendeln können, wenn durch Beibehaltung der Karten- und Bezugsscheinwirtschaft die Bewegungsfreiheit der Marktpartner weiterhin behindert gewesen wäre?

Geld muß zukünftig der einzige Bezugsschein sein! So lautete deshalb die beharrliche Forderung Ludwig Erhards. Schon lange vor der Währungsreform war es seine Hauptsorge, wie man eine genügend große Warenmenge bereitstellen könne, um den ersten Nachfragestoß nach der Währungsreform aufzufangen. Seine intimen Kenntnisse der deutschen Industrie und ihres Leistungsvermögens und seine noch aus seiner Tätigkeit als Marktforscher stammenden Verbindungen zu verantwortungsbewußten und sachkundigen Unternehmern und Managern kamen ihm bei solchen Überlegungen und Planungen zugute. Die Beharrlichkeit, mit der Erhard sein Ziel der Befreiung der deutschen Wirtschaft von ihren Fesseln verfolgte, war bereits aus den Aufsätzen spürbar, die er vor seiner Wahl zum Wirtschaftsdirektor für die Neue Zeitung schrieb. In einem dieser Aufsätze, den er während seiner Amtszeit als Vorsitzender der »Sonderstelle Geld und Kredit« verfaßte, ließ er am 1. Dezember 1947 deutlich erkennen, daß nach seinen Vorstellungen die Währungsreform durch eine Wirtschaftsreform untermauert werden müsse, die zur Wiederherstellung des freien Wettbewerbs in der deutschen Wirtschaft und zur Wahlfreiheit des Konsumenten auf dem Gütermarkt führen würde. Zwei Sätze aus diesem Aufsatz sind für die Konsequenz charakteristisch, mit der Erhard sein Ziel ansteuerte:

»Die Aufrechterhaltung der sozialen Ordnung wird insbesondere auch im Zusammenhang mit einer Währungsbereinigung wesentlich davon abhängen, daß das trotz hoher Belastung noch verfügungsfreie Einkommen in möglichst kurzer Frist güterwirtschaftliche Deckung findet... Nur durch die rationelle Kombination aller Produktionsfaktoren, die nur im härtesten Wettbewerb erreicht werden kann, bietet sich dem deutschen Volk eine Lebensmöglichkeit und die reale Chance einer allmählichen wirtschaftlichen und sozialen Wiedergesundung...«

In den Wochen vor dem Tag X mußte das Amt Erhards verschiedene Gesetze vorbereiten, die nach der Währungsreform in Kraft treten sollten. Zusammen mit einem kleinen Kreis getreuer Mitarbeiter suchte Erhard nach einem praktischen Weg, wie man gleichzeitig mit der Geldumstellung die Zügel der Kriegs- und Zwangswirtschaft so weit lockern könne, daß kein Zurück mehr möglich war, sondern nur noch die erlösende »Flucht nach vorn« blieb. Es war im guten Sinne des Wortes eine Verschwörung für die Freiheit, was der Wirtschaftsdirektor und seine Mitarbeiter hinter den Mauern der alten Höchster Kaserne in der Verwaltung für Wirtschaft betrieben. Unter Mitwirkung des Ministerialdirektors Dr. Edmund Kaufmann, der Stellvertreter Erhards und sein juristischer Berater war, wurde das »Gesetz über Leitsätze für die Bewirtschaftung und Preispolitik nach der Geldreform« formuliert. Auch ein sozialdemokratischer Wirtschaftswissenschaftler war an dieser entscheidenden Arbeit maßgebend beteiligt: der Ordo-Liberale Leonhard Miksch, damals Leiter des Grundsatzreferats der Preisabteilung in der Verwaltung für Wirtschaft, von dem der erste Entwurf des Gesetzes stammte. Eigentlich war es mehr ein Anti-Gesetz als ein regelrechtes Gesetz, seine Formulierungen boten die Handhabe, den Wust von kriegs- und planwirtschaftlichen Verordnungen zum geeigneten Zeitpunkt ohne bürokratische Umständlichkeiten unwirksam zu machen oder außer Kraft zu setzen. Pedantische Gesetzeskonstrukteure, die im Zeitalter des Dirigismus gewohnt waren, jede ökonomische Lebensäußerung unter Kontrolle zu stellen und Güterproduktion sowie Güterverteilung bis zum letzten Hosenknopf durch Paragraphen und Verordnungen zu regeln, waren über die ungewöhnliche Sprache der Leitsätze bestürzt. Es hieß da einfach:

»Der Freigabe aus der Bewirtschaftung ist vor ihrer Beibehaltung der Vorzug zu geben.«

»Der Freigabe der Preise ist vor der behördlichen Festsetzung der Vorzug zu geben...«

»Soweit der Staat den Verkehr mit Waren und Leistungen nicht regelt, ist dem Grundsatz des Leistungswettbewerbs Geltung zu verschaffen. Bilden sich wirtschaftliche Monopole, so sind sie zu beseitigen und bis dahin staatlicher Aufsicht zu unterstellen...«

Zugegeben: Diese bewußt allgemein gehaltenen Richtlinien waren kein Gesetz, wie es sich Paragraphenreiter, die alles bis aufs I-Tüpfelchen festlegen wollen, normalerweise vorstellen. Aber die Lebensbedingungen der Nachkriegsgesellschaft waren längst nicht mehr normal, ihre Normalisierung bedurfte unkonventioneller Mittel. Wenn man ins Wasser springen will, um einen Ertrinkenden zu retten, kann man nicht erst nachprüfen, ob Baden an dieser Stelle üblich oder erlaubt ist. Auch mußten ja die von den Alliierten aus der NS-Diktatur politisch befreiten Deutschen endlich auf wirtschaftlichem Gebiet eine Art eigener Revolution nachholen, besser gesagt: eine liberale Gegenrevolution, um ihre Wirtschaft von dem bürokratischen Zwangsapparat freizumachen, den die braunen Machthaber und Veranstalter der sogenannten »nationalen Revolution« von 1933 hinterlassen hatten. Diese Aufräumungsarbeit konnten die Alliierten den deutschen Stellen nicht abnehmen, es war schließlich Aufgabe der Deutschen selbst, sich eine neue Wirtschaftsordnung zu schaffen.

Die Leitsätze, die noch die parlamentarische Hürde zu nehmen hatten, sollten dem Wirtschaftsdirektor praktisch die Vollmacht geben, zum geeigneten Zeitpunkt die Zügel der Zwangswirtschaft zu lockern oder ganz zu beseitigen. Er sollte genügend Spielraum erhalten, um nach sorgfältiger Beobachtung der Entwicklung auf den Gütermärkten Schritt für Schritt vorzugehen oder auch, wenn die Situation günstig erschien, überaschend schnell zu handeln. In der Hand eines Mannes, der sich in der Wirtschaft auskannte und in seinem Handeln das notwendige Maß an Vorsicht mit dem nötigen Mut und einer außerordentlichen Entschlußkraft verband, waren die Leitsätze ein hervorragendes Instrument zur raschen Bewältigung der nach der Währungsreform anstehenden Probleme.

Der Wirtschaftsdirektor hatte in seinen Aufsätzen und Reden alles getan, um die Öffentlichkeit psychologisch auf die von ihm geplante Wirtschaftsreform vorzubereiten. Die Parole, Geld müsse künftig der einzige Bezugsschein sein, stieß natürlich vielfach auf ungläubiges Kopfschütteln. Vor allem die Männer der Verwaltung, die seit Jahren mit der Bewirtschaftung zu tun hatten und sich kaum noch an Zeiten des freien Handels und Wandels zu erinnern vermochten, konnten sich einfach nicht vorstellen, wie eine freie Wirtschaft überhaupt noch funktionieren solle. Kuno Ockhardt, einer der Mitarbeiter Erhards in der Verwaltung für Wirtschaft, schrieb später:

»Die Vorstellung, ohne Marken etwas kaufen zu können, war für viele gute alte Bürokraten etwas Ungeheuerliches, denn unser ganzes Leben war ja doch durch deutsche und alliierte Verordnungen reglementiert. Nicht eine Nähnadel, nicht eine Reißzwecke, nicht das geringste Stückchen Holz, nicht einmal Streichhölzer konnte man kaufen. Für alles gab es Zuteilungen...«

Auch im Volk, das die Zwangswirtschaft haßte, aber nicht wußte, wie man sie jemals loswerden könne, war die Stimmung geteilt. Man hörte es gerne, daß der neue Mann Ware ohne Bezugsscheine versprach. Man hätte ihm auch nur zu gern geglaubt, aber nach all den bitteren Erfahrungen war die Zuversicht zunächst nicht allzu groß. Klara Grosse-Schware, die 1953 als Dolmetscherin in die Dienste Erhards trat, hörte 1947 als junges Mädchen von 22 Jahren eine jener berühmten Reden des späteren Bundeswirtschaftsministers, in denen er eine Wirtschaftswelt ohne Bezugsscheine und mit frei zu kaufenden Waren in Aussicht stellte. Über ihren damaligen Eindruck schrieb sie später offenherzig:

»Wann immer etwas Begehrenswertes im Schaufenster lag – ich erinnere mich an die Fata Morgana eines nachtblauen Velours Chiffon – stand daran ›Export‹ oder ›Wir fertigen aus Ihrem Material‹... Und dann sagt dieser neue Direktor in einer seiner ersten Reden, es würde Zeit, wieder Konsumgüter zu produzieren, die Menschen müßten endlich das Gefühl haben, daß es auch für sie persönlich Sinn hat, überhaupt zu arbeiten. Damals dachte ich an seine Adresse: Es wird Dir nie gelingen, aber wie nett von Dir, daß Du es wenigstens versuchen willst...«

Ähnlich wie die junge Dame dachten auch andere Menschen in Deutschland, sie konnten natürlich nicht wissen, daß hinter Ludwig Erhards Optimismus sehr reale Überlegungen standen. Die Leitsätze zur Wirtschaftsreform, die in der Verwaltung für Wirtschaft ausgearbeitet wurden und später die parlamentarischen Hürden passieren mußten, waren – obwohl ihr Text improvisiert wirkte – das Ergebnis gründlicher ökonomischer Überlegungen und Untersuchungen. Ludwig Erhard hatte Grund zu der Annahme, daß nach der starken Verminderung des finanziellen Nachfragepotentials und dem Verschwinden des fragwürdigen Zusatz-Zahlungsmittels »Bezugsschein« eine ausreichende Gütermenge zur Verfügung stehen werde, um zunächst einmal den allerdringendsten Bedarf der Bevölkerung zu decken, bis sich die durch wertbeständige Mark in Gang gesetzte Produktion nach und nach entfalten und neue Güter ausstoßen könnte. Es gab Finanzmittel und Kredite aus dem Marshallplan, die zum Import ausländischer Rohstoffe dienen konnten, – es gab selbstverständlich auch deutsche Hortungslager mit einem – wenn auch nicht allzu großen – Vorrat an Bedarfsgütern, die auf den Markt wandern würden, sobald gutes Geld als Gegenwert dafür bereit stünde, – und last not least gab es brachliegende Arbeitskräfte, Menschen, die sich bisher mit Gelegenheitsarbeiten gegen Entgelt in Naturalien oder mit kleinen Tauschgeschäften auf dem Schwarzen Markt durchgeschlagen hatten. Sobald man seinen Lebensunterhalt wieder durch produktive Arbeit verdienen könne, würden sie – so kalkulierte Erhard ganz richtig – die Ärmel hochkrempeln und mit dem Wiederaufbau der deutschen Wirtschaft auf der ganzen Linie beginnen.

Mit Unterstützung einflußreicher Männer der Wirtschaft, die ihm zum Teil seit Vorkriegs- und Kriegszeiten nahestanden, informierte sich der Wirtschaftsdirektor auch über die Situation in wichtigen Bedarfsgüterindustrien und suchte den Unternehmern seine Ideen über die freiere Gestaltung der Wirtschaft nahezubringen. Denn auch hier war die Resignation häufig größer als die Hoffnung, eine Wende herbeiführen zu können. Besondere Aufmerksamkeit widmete der Wirtschaftsdirektor den Verhältnissen in der Textilbranche, der in der neuen Wirtschaftsordnung eine Schlüsselrolle zufallen würde: sie mußte damit rechnen, daß die Verbraucher, deren Kleider- und Wäscheschränke gähnend leer waren und die in abgerissener Kleidung oder Uniformstücken herumliefen, einen wesentlichen Teil des neuen Geldes benutzen würden, um Kleidung zu kaufen. Waren die Textilindustriellen und Textilgeschäfte für den ersten Ansturm gerüstet? Zusammen mit Otto A. H. Vogel, der damals Präsident der Industrie- und Handelskammer in Augsburg war und später maßgebende Positionen in Industrieverbänden bekleidete, bemühte sich Ludwig Erhard, die Textilindustrie für seine Ideen zu gewinnen und ihr zu helfen, sich von bürokratischen Fesseln zu befreien. In der Amtszeit des früheren Wirtschaftsdirektors Semler hatten die Frankfurter Bürokraten eine Verordnung ausgearbeitet, die der Textilwirtschaft weitere Beschränkungen auferlegen sollte. Es gelang Erhard und seinem Gesinnungsfreund Vogel, die Verwirklichung dieses Planes so lange aufzuschieben, daß er mit Beginn der neuen Frankfurter Wirtschaftspolitik und der dann in Kraft tretenden Liberalisierungsmaßnahmen gegenstandslos wurde.

Erhard entwickelte am 26. April 1948 in der Augsburger Industrie- und Handelskammer in einem Vortrag vor einem größeren Kreis von Unternehmern seine Gedanken über die freie Marktwirtschaft. Dem zündenden Appell des Wirtschaftsdirektors zur Abkehr vom planwirtschaftlichen Denken und Neubesinnung auf die echten Aufgaben des Unternehmertums ging eine Einführungsansprache Vogels voraus, der vom »unverantwortlichen Jahrmarktszauber« der Bürokratie sprach und zum Schluß seiner Ausführungen den Anwesenden zurief:

»Von uns allen hängt es ab, ob Herr Dr. Erhard nur als Zirkusdirektor oder tatsächlich mit allen seinen überragenden Fähigkeiten als Direktor der Wirtschaft des Vereinigten Wirtschaftsgebietes wird tätig sein können...«

Erhard sprach noch mehrmals in Augsburg, wobei er wiederholt von dem brillanten Wirtschaftsprofessor Wilhelm Röpke unterstützt wurde, der nach dem Machtantritt Hitlers emigriert war, jetzt in Genf lehrte und als eine der großen internationalen Autoritäten der Nationalökonomie galt.

Aus dem Gedankenaustausch zwischen dem undogmatisch geführten Amt Ludwig Erhards und rührigen Privatunternehmern entwickelten sich Verkaufsprogramme und Verkaufsaktionen, die der Wirtschaft gleich nach der Währungsreform starke Impulse gaben. Dazu gehörte vor allem das sogenannte Jedermann-Programm. In Zusammenarbeit mit Handel, Industrie und Gewerkschaften wurden unternehmungslustige und aufgeschlossene Firmen angeregt, Textilien, Schuhe und Haushaltswaren zu niedrigen Sonderpreisen zu produzieren und auf den Markt zu bringen. Wer bereit war, sich an dieser Aktion zu beteiligen, dem stellte der Staat die nötigen Rohstoffe zur Verfügung, die er aus Einfuhren oder noch bewirtschafteten Kontingenten freimachen konnte. Damit bereiteten die Wirtschaftsbehörden selbst – ein seltener Vorgang in der Wirtschaftsgeschichte – ihren Rückzug aus der Wirtschaftslenkung vor. Das Verwaltungsamt für Wirtschaft sorgte dafür, daß den Besitzern der neuen Mark in der Verbraucherschaft dringend benötigte Waren in ausreichender Menge frei verkauft werden konnten, bis eine Lenkung und Verteilung von oben nicht mehr notwendig war, weil die einmal angekurbelten Bedarfsgüterbranchen sich schließlich aus eigener Kraft weiterbewegten.

Allerdings erkannten nicht alle Unternehmer die großen Chancen, die ihnen die Marktwirtschaft bieten sollte. Mitunter war die Angst vor dem Risiko größer als die kaufmännische Courage. Gerade für größere Betriebe, die der Staat nicht untergehen lassen konnte, war es ja so bequem, sich die Ware zuteilen zu lassen und selbst wieder zu verteilen. Man hatte sich daran gewöhnt, Ausführungsorgan der Bürokratie zu spielen, sie gelegentlich zwar zu überlisten, aber ihre Existenzberechtigung nicht anzuzweifeln. Der mit Erhard seit 1932 befreundete Wirtschaftsjurist Roland Risse, früher Abteilungsleiter im Reichsverband der deutschen Industrie und seit 1948 Kartellspezialist im Stabe des späteren Bundeswirtschaftsministers, erinnerte sich später beispielsweise an die erheblichen Widerstände, die man in der Papierindustrie den Plänen des Wirtschaftsdirektors entgegensetzte. Laut einem Bericht Risses fürchteten die Papierindustriellen, das Papier werde nach Aufhebung der Bewirtschaftung nicht mehr an die Tageszeitungen, sondern an besser zahlende Verbraucher gehen. Wörtlich schrieb Risse über die Ängste der Industriellen:

»Das hätte große politische Auswirkungen und insgesamt wären sie der Meinung, so schnell wie Erhard das wolle, könne man die Bewirtschaftung der Menge und dem Preis nach doch nicht aufheben. Aber die Meinung bei Erhard stand fest, und für viele Produkte wurde dann die Bewirtschaftung sofort aufgehoben. Das war, wenn man die ersten Bewirtschaftungsmaßnahmen 1934 ansetzt, nach fast fünfzehn Jahren Zwangsbewirtschaftung der Durchbruch zur Marktwirtschaft...«

Man darf diesem Bericht hinzufügen, daß selbstverständlich nach der Währungsreform und nach der Herauslösung des Papiers aus der Bewirtschaftung von einer Papierknappheit bald keine Rede mehr sein konnte. Spötter meinen, daß ja nunmehr die ungeheuren Papiermengen eingespart und für nützlichere Zwecke freigemacht werden konnten, die Deutschlands Wirtschaftsbürokratie jahrelang für ihre Bezugsscheine und Karten verbraucht hatte. Alle, die sich der Beendigung der Zwangswirtschaft entgegenstellten, hatten übersehen, daß infolge der Geldverknappung nach dem Tage X keine Branche mehr mit einer ständigen Nachfrage rechnen konnte, die ihre Kräfte und Vorräte überstieg. Erhard hatte völlig richtig kalkuliert, als er annahm, daß der freie Wettbewerb in einer Ära knappen Geldes schon für den nötigen Ausgleich sorgen und ein ungehemmtes Steigen der Preise verhindern werde. Denn die Nachfrage ließ sich in einer Wirtschaft, die unter hartem Konkurrenz- und Leistungsdruck stand, nicht mehr auf wenige Mangelwaren lenken; sie verteilte sich nunmehr auf immer mehr Güter. Hersteller und Kaufleute, die sich auf dem Markt behaupten wollten, mußten also zu diskutablen Preisen immer bessere Leistungen bieten, um an die neuen Banknoten heranzukommen.

Bei aller Bereitschaft zur freundschaftlichen Zusammenarbeit mit Unternehmern und Wirtschaftsmanagern war Ludwig Erhard keineswegs ein Befürworter bedingungsloser unternehmerischer Freiheit. Er schätzte schöpferische Unternehmer, die sich zum freien Wettbewerb unter fairen – vom Staat gesetzten – Spielregeln bekannten. Dagegen scheute er sich nie vor einer Auseinandersetzung mit Wirtschaftskapitänen, die sich in einer Monopolstellung einigeln wollten, wie sie ihnen die Zwangswirtschaft eingeräumt hatte. Privilegien für irgendwelche Wirtschaftskreise widersprachen dem gradlinigen Denken Erhards; gegen den Versuch einzelner Betriebe und Wirtschaftszweige, sich durch staatlich geschützte Kartelle oder private Machtzusammenballungen der Verpflichtung zum Konkurrenzkampf zu entziehen, wehrte er sich sein Leben lang. Der Wirtschaftsdirektor und spätere Bundeswirtschaftsminister, der so konsequent für das Ziel einer freien, nur durch bestimmte soziale und rechtliche Grundsätze gebundenen Wirtschaftsordnung eintrat, konnte sich nie über einen Mangel an Gegnern beklagen. Immer wieder wurde er zu Streitgesprächen herausgefordert. Er bestand sie mit Temperament und Bravour und behielt zum Schluß fast immer recht, zeigte sich aber niemals unversöhnlich und intolerant gegenüber seinen vielen Gegnern. Er glaubte an die Kraft des besseren Arguments.

Immerhin war Erhard kein Prediger in der Wüste. Er stand nicht allein. Schon in den stürmischen Tagen kurz vor und nach der Währungsreform erwarb er sich neben zahlreichen Gegnern viele Freunde und Anhänger. Eine Elite von Wissenschaftlern rückte bald an die Seite des führenden deutschen Wirtschaftspolitikers, dem nach dem Krieg – in Wiedergutmachung eines ihm im Dritten Reich zugefügten Unrechts – eine Honorarprofessur an der Münchner Universität verliehen wurde. Zu den Professorenkollegen, die Erhard Rückendeckung verschafften, ihn mit Rat und Tat unterstützten oder den Kreis seiner engsten Mitarbeiter verstärkten, gehörten u. a. Alfred Müller-Armack, dem die geistige Vertiefung des Konzepts der Sozialen Marktwirtschaft zu verdanken ist und der diesen Begriff geprägt hatte, – der schon erwähnte Wilhelm Röpke, der als Wissenschaftler, Publizist und Gutachter die neue Wirtschaftsordnung in Deutschland förderte, – der Wettbewerbsrechtler Franz Böhm, der im Kampf für den freien Wettbewerb und gegen Monopole wertvolle Schützenhilfe leistete, und weitere hervorragende Denker wie der leider zu früh verstorbene Walter Eucken und Alexander Rüstow – um nur einige zu nennen. Die Rückkehr zur Marktwirtschaft in geläuterter, von kapitalistischen Auswüchsen gereinigter Form fand gerade bei den fähigsten Nationalökonomen und Gesellschaftswissenschaftlern – bei Männern, die in der äußeren und inneren Emigration über Probleme der Nachkriegszeit und des Neubeginns nachgedacht hatten oder aus der Sicht ausländischer Beobachter die Vorgänge in der völlig zusammengebrochenen und sich dann wieder regenden deutschen Wirtschaft aufmerksam verfolgten – ein starkes Echo und viel Zustimmung. Erhard war es vergönnt, mit seinem politischen Elan und seiner Überzeugungstreue Ideen zu verwirklichen, die sich mit dem Denken hervorragender Gelehrter in der westlichen Welt berührten. Diese Gruppe suchte dem verhängnisvollen Trend zur Unfreiheit entgegenzuwirken, der seit den dreißiger Jahren auch in angelsächsischen Ländern herrschte; sie schloß sich 1947 zur Mont Pelerin Society zusammen und zählte Persönlichkeiten von internationalem Ruf wie z. B. Friedrich A. von Hayek, den Autor des Buches »Der Weg zur Knechtschaft« und anderer Aufsehen erregender Bücher, zu seinen Mitgliedern. Bei den stark beachteten internationalen Tagungen dieser Gesellschaft war Ludwig Erhard bald gern gesehener Gast und geschätzter Referent.

Mit der Kraft seiner Rede und der Klarheit seiner Überzeugungen schlug Erhard immer mehr Menschen in seinen Bann. Seine unermüdlich und unerschrocken vorgebrachten Appelle an den gesunden Menschenverstand und die Einsicht der Zeitgenossen weckten den lange verschütteten Drang nach größerer wirtschaftlicher Bewegungsfreiheit und regten Gleichgesinnte zum spontanen Handeln an. So bildete sich als eine der ersten Bürgerinitiativen im Nachkriegsdeutschland die Aktionsgemeinschaft Soziale Marktwirtschaft, die keine Sonderinteressen, sondern das allgemeine Interesse an einer leistungsstarken und freiheitlichen Wirtschafts- und Gesellschaftsordnung vertrat und namhaften Wirtschaftswissenschaftlern, Wirtschaftspraktikern und Publizisten ein öffentliches Forum für die Diskussion wirtschaftlicher und sozialer Probleme und die Weiterverbreitung des Gedankenguts der Sozialen Marktwirtschaft Ludwig Erhards bot.

Vor dem Auftreten Ludwig Erhards erregten die verzwickten Details und verschlungenen Wege der Wirtschaftspolitik kaum öffentliches Interesse. Die breite Öffentlichkeit spürte zwar ihre Resultate und ärgerte sich über nachteilige Folgen, nahm aber wenig Anteil an den schwer durchschaubaren Maßnahmen, die in den Ämtern ausgebrütet wurden. Der Stoff schien stinklangweilig zu sein. In der Presse konnte man zwar gelegentlich nachlesen, was beraten und beschlossen wurde. Aber das Ganze machte – und dies insbesondere im Zeitalter des Dirigismus mit seiner Überproduktion an komplizierten Verfügungen – den Eindruck einer Geheimwissenschaft, einer spröden Materie für

Experten, die sich kaum darum bemühten, ihren prätentiösen Fachjargon ein wenig aufzulockern und dem Durchschnittsmenschen die Zusammenhänge zu erklären. Ludwig Erhard suchte jedoch im Gegensatz zu ganzen Generationen von Wirtschaftspolitikern den Dialog mit der Öffentlichkeit und den Gedankenaustausch mit den in der Wirtschaft tätigen Menschen, alle sollten erfahren, was er plante und dachte, und die wohlerwogenen Gründe für sein jeweiliges Handeln kennenlernen. Er warb unausgesetzt um die Zustimmung des Volkes oder zumindest seiner meinungsbildenden und das Wirtschaftsgeschehen beeinflussenden Schichten. Er brauchte das Verständnis und die Mitwirkung der Praktiker, insbesondere auch des Verbrauchers. Gerade ihm fiel in der Sozialen Marktwirtschaft eine entscheidende Rolle zu. Seine Wahlfreiheit auf dem Markt, sein Recht, den Bedarf an Konsumgütern dort zu decken, wo er am besten und preiswertesten bedient wurde, seine Souveränität als Käufer war ein Kernstück der marktwirtschaftlichen Philosophie und das Pendant zum freien Wahlrecht im demokratischen Staat.

Öffentlichkeit ist das Lebenselement der Marktwirtschaft. Ihr Erfolg beruht auf einem ständigen Fluß von Informationen und einem permanenten Gedankenaustausch der Führung mit allen von Entscheidungen berührten und betroffenen Kreisen in einem Klima des Vertrauens. Erhard sah es deshalb seit Beginn seiner Amtszeit als eine seiner Hauptaufgaben an, ein solches Klima zu schaffen. Er fand dabei die Unterstützung einer verständnisvollen Presse und hochbegabter Publizisten, denen der Gedankenreichtum des Wirtschaftspolitikers imponierte. Die Marktwirtschaft Erhards war für diese Männer ein faszinierendes Thema; sie wurden nicht müde, darüber zu schreiben und ihren Lesern das Wesen der neuen Wirtschaftsordnung in anschaulicher Sprache zu erklären; sie begleiteten den Schöpfer der Sozialen Marktwirtschaft auf seinem Weg von den vierziger bis zu den sechziger Jahren mit sachkundigen Aufsätzen und Kommentaren und gaben auch selbst Anregungen. Stellvertretend für viele sei hier Hans-Otto Wesemann (später Intendant der Deutschen Welle) genannt, der schon bei den ersten Schritten in die Marktfreiheit in Aufsätzen, Schriften und Vorträgen für Erhardsche Ideen warb und es verstand, seinen Lesern die nicht gerade einfache Materie in amüsanter, volkstümlicher Form und oft mit sprühendem Humor nahezubringen.

Gelegentlich machte man dem Wirtschaftsdirektor den Vorwurf, daß er kein Verwaltungsmann sei. Doch darin lag vielleicht sogar seine Stärke. Er betrachtete sich als Sachwalter des Allgemeinwohls, aber nicht als Verteidiger von auflösungsreifen Ämtern und überflüssigen Schreibtischen. Vieles in der damaligen Verwaltung sah er lediglich als Provisorium an, nur die als Helfer und Partner einer produktiven Friedenswirtschaft nötigen und zu Hütern des Wettbewerbs bestimmten Behörden sollten beibehalten werden. Die Verwaltung konnte nach Erhards Vorstellungen niemals Selbstzweck sein. Eine Bürokratie, die der Einschüchterung des Unternehmertums diente und persönliche Initiative behinderte, war nicht nach seinem Sinn.

Erhards Optimismus war nicht gespielt und beruhte nicht auf billigen Tricks. Dahinter stand in der Tat eine Konzeption, die gut durchdacht und geplant war und (wie sich schnell zeigte) den Deutschen die Startbedingungen für die größten wirtschaftlichen und sozialen Fortschritte ihrer Geschichte verschaffte. Die Währungsreform war jetzt keine Fahrt ins Blaue mehr, sie war durch gründliche Vorbereitungen für eine neue Wirtschaftsordnung gut abgesichert. Freilich wurde es im Frühling 1948 höchste Zeit, den Spuk der Geldentwertung zu beenden. Es war kein Geheimnis geblieben, daß ein rigoroser Geldschnitt bevorstand. Niemand wußte etwas Genaues über Einzelheiten, aber alle ahnten und munkelten, daß die alte Reichsmark bald gänzlich ihr Leben aushauchen werde. Das löste eine fieberhafte Jagd nach Waren und Sachwerten aus, aber die Besitzer von handfesten Werten zeigten immer weniger Neigung, überhaupt noch altes Geld anzunehmen. Die Zustände wurden von Tag zu Tag unhaltbarer. Manche Menschen kauften jeden Plunder, der zu haben war, um ihre großen Reichsmarkbestände loszuwerden. Die Preise auf dem Schwarzen Markt erreichten schwindelhafte Höhen. In der Woche vor der Währungsreform wurden beispielsweise in Hamburg für eine Ami-Zigarette 30 Reichsmark, für eine Herrenhose 2500 Reichsmark und für einen Damensommermantel 2800 Reichsmark gezahlt.Die Inflation überschlug sich. Jetzt konnte nur noch eine großangelegte Reform helfen, ein Neubeginn mit neuen Zahlen und mit einem völlig veränderten und der neuen Währung angepaßten Wirtschaftssystem. Die Stunde der Entscheidung in Frankfurt nahte. Erhard und seine Mitarbeiter setzten in einem letzten Anlauf in die Praxis um, was sie theoretisch an wichtigen Beschlüssen erarbeitet hatten. Im Wirtschaftsrat lauerten schon die Gegner des hartnäckigen Reformers aus dem bayerischen Franken auf jede Blöße, die er sich vielleicht geben würde; sie waren entschlossen, mit einem starken Aufgebot an wortgewaltigen Rednern und volkstümlich klingenden Argumenten den Marsch in die Wirtschaftsfreiheit aufzuhalten.

Ein Tag und eine Nacht im Juni: Erhard gewinnt die große Redeschlacht für die Marktwirtschaft

Der Tagungssaal des Wirtschaftsparlaments in der Frankfurter Börse erlebte vom 17. Juni 1948 morgens 9.11 Uhr bis zum 18. Juni morgens 4.55 Uhr die größte Redeschlacht in der Geschichte des Vereinigten Wirtschaftsgebietes. Die Tage vor der Stunde X waren mit der atmosphärischen Spannung erfüllt, die einem befreienden Gewitter vorauszugehen pflegt. Dem erbitterten geistigen Ringen in der Frankfurter Börse am Donnerstag und in der Nacht zum Freitag sollte das mit Hoffnungen und Ängsten erwartete Wochenende der Geldumstellung folgen: am Sonnabend die offizielle Ankündigung des drastischen Währungsschnitts und am Sonntag der Umtausch der alten Reichsmark gegen die in Übersee gedruckten und von den Amerikanern unter strenger Bewachung angelieferten Banknoten der Deutschen Mark. Würde sich mit dem 20. Juni 1948 der lange Winter des Mißvergnügens in einen Sommer neuer Lebensfreude verwandeln?

Nie zuvor hatte der Saal solche erregenden Stunden erlebt. Früher hatte hier die Getreidebörse getagt – mit all dem aufgeregten Treiben, das Börsengeschäfte mit sich bringen. Dramatische Spannung ging natürlich auch von den Bühnenstücken aus, die jetzt an dieser Stelle in manchen Abendstunden von spielfreudigen Akteuren für ein aufnahmefreudiges Publikum aufgeführt wurden. Aber was war dies alles im Vergleich zu dem historischen Ereignis, das jetzt den Saal zur Bühne für die wichtigste innenpolitische Auseinandersetzung seit Kriegsende und zur Stätte einer Entscheidung werden ließ, die Deutschlands Schicksal für die nächsten Jahrzehnte mitbestimmte?

Ludwig Erhard und seine engeren Mitarbeiter und Freunde im Wirtschaftsrat wußten, was auf dem Spiele stand. Jetzt oder nie mußte das Ruder der Wirtschaftspolitik herumgerissen werden! Die Wirtschaftsreform – niedergelegt in einem Bündel von Gesetzen, dessen Kernstück die Leitsätze waren – mußte unbedingt noch vor dem Wochenende durchgesetzt werden, damit das neue Geld in einer freieren Ordnung und einem nach und nach wachsenden freien Markt zum vollen Erfolg werden konnte. Der Wirtschaftsdirektor und seine Getreuen waren entschlossen, nicht zu wanken und nicht zu weichen, bis die Reform den Segen des Wirtschaftsparlaments erhalten hatte.

Ludwig Erhard – jetzt ein Fünfziger auf der Höhe seines Lebens, dessen körperliche Statur durch die Entbehrungen der Kriegs- und Nachkriegszeit etwas schmächtiger geworden war, der aber psychisch voller Kraft und Mut steckte – hätte nicht in die entschlossenen Gesichter seiner hier versammelten Gegner blicken müssen, um die herrschende Kampfstimmung zu ahnen. Er war sich von vornherein darüber klar, daß man es ihm nicht leicht machen würde, dem Haus das Ja zu seinen Plänen abzuringen. Aber wie fast immer in den entscheidenden Momenten seines Lebens war der spürbare Widerstand für ihn ein Ansporn, seine geistige Energie und seine Überzeugungskraft als Redner voll zu entfalten. Bei aller Freude am Diskutieren und am Redegefecht war ihm wenig daran gelegen, seine politischen Gegner zu demütigen. Wie gerne hätte er sie von der inneren Logik seiner Pläne überzeugt und zur Mitwirkung an ihrer Verwirklichung gewonnen! Konflikte um des Konfliktes willen lagen nicht in seiner gutartigen Natur. Wer aber um jeden Preis kämpfen wollte, der fand in ihm einen harten – dabei durchaus fairen und zur späteren Versöhnung bereiten – Gegner. Die Erkenntnis, daß es einen sicheren Weg gab, schrittweise eine blühende Wirtschaftsordnung herzustellen, erfüllte ihn mit unerschütterlicher Zuversicht. So gerüstet war er auch den schlagfertigsten Gegnern gewachsen, an denen in diesem Saal kein Mangel herrschte.

Als Erich Köhler, der Präsident des Wirtschaftsparlaments, die Debatte eröffnete, die unter der protokollarischen Bezeichnung »18. Vollversammlung« in die Geschichte des Wirtschaftsrates einging, stellte sich heraus, daß sieben Abgeordnete fehlten. Zwei davon hatten sich entschuldigt. Vier von den fehlenden Volksvertretern gehörten der nicht gerade sehr stattlichen bürgerlichen Regierungsmehrheit an, mit deren Zustimmung der Wirtschaftsdirektor mehr oder weniger rechnete. Die Möglichkeit, daß der eine oder andere sich der heiklen Entscheidung zu entziehen suchte, war nicht von der Hand zu weisen.

Nach einigen Referaten über andere Themen begann die von allen Seiten des Hauses mit stärkstem Interesse erwartete erste Lesung des wichtigsten Punktes der Tagesordnung, des Gesetzes über die wirtschaftspolitischen Leitsätze nach der Währungsreform. Präsident Köhler erteilte Professor Erhard, dem Direktor des Amtes für Wirtschaft, das Wort zur Begründung der Vorlage. Erhards Rede war ein temperamentvolles, von großer Sachkunde getragenes Plädoyer für die Befreiung der Deutschen aus der »Zwangsjacke« der staatlichen Befehlswirtschaft. Der Wirtschaftsdirektor setzte den Abgeordneten auseinander, daß auch nach der Währungsreform keine wirtschaftliche und soziale Gesundung eintreten werde, wenn man auf dem Gebiete der Bewirtschaftung und der Preispolitik keine freieren Entwicklungen zulasse. Er betonte in eindringlichen Sätzen, daß nur ein harter freier Wettbewerb mit entsprechend hohen Leistungsanforderungen an den einzelnen das deutsche Volk und die deutsche Wirtschaft aus ihrer Verelendung herausführen werde:

»Wir müssen durch die höchsten Anstrengungen auf allen Stufen unseres Volkes, durch alle Betätigungen unserer Volkswirtschaft hinweg eine höhere Leistung zu erzielen versuchen. Wir müssen in der Volkswirtschaft alles, was unwirtschaftlich ist, ausschalten. Wir können nicht mehr nach irgendwelchen schematischen Verfahren jeden einzelnen Betrieb beschäftigen wollen. Wir können nicht das, was krank, faul und untätig ist, hier mitschleifen. Die höchste Leistung, die wir in der Volkswirtschaft erzielen können, ist gerade recht, um das Sozialprodukt und das Volkseinkommen zu erhöhen und den Lebensstandard unseres Volkes im ganzen zu verbessern. Wir können uns aber auch nicht mehr diese Scherze leisten, diese Fülle von unwirtschaftlichen Verrichtungen in allen Stufen unserer Wirtschaft aufrechtzuerhalten. Das schaffen Sie aber auch nicht durch behördliche Verbote, sondern das schaffen Sie nur, wenn Sie den einzelnen bei Strafe des wirtschaftlichen Unterganges dazu zwingen, Dinge zu produzieren, *die* Arbeit zu leisten, die die Gesellschaft wirklich anerkennt und die nützlich ist...«

An dieser Stelle seiner Rede erntete Erhard Beifallskundgebungen von seinen Freunden. Anschließend versicherte er, daß er den Preisstopp nicht aufheben wolle, »um etwa einer Preiserhöhung Raum zu geben, sondern umgekehrt, um den preissenkenden Tendenzen Bahn zu verschaffen...« Jetzt regte sich die linke Seite des Hauses, die bis dahin geschwiegen hatte. Höhnisches Lachen schlug dem Redner entgegen. Glaubte denn dieser Theoretiker im Ernst, daß es sogar zu Preissenkungen kommen werde? Die Sozialdemokraten im Wirtschaftsrat konnten sich einfach nicht vorstellen, daß ein freies Spiel der Kräfte bei knappem Geld Hersteller und Händler zwingen werde, schließlich äußerst scharf zu kalkulieren, um an die D-Mark heranzukommen. Erhard gab sich redliche Mühe, den Zweiflern – zu denen nach fünfzehn Jahren Gewöhnung an den Dirigismus auch bürgerliche Kreise gehörten – solche Zusammenhänge zu erklären. Als er beteuerte, daß künftig jeder, der einen wertvollen Beitrag zur Volkswirtschaft leiste, »Kaufkraft und Lohn« erhalten werde, aber der »Schmarotzer« von der Behörde nicht die gleiche Behandlung erfahren könne wie ein tüchtiger Mann, wurde ihm von links zugerufen: »Und die Alten, Kranken, Schwachen?« Erhard war auch auf diesen Einwurf gefaßt. Es sei eine selbstverständliche Pflicht, im Zuge der Währungsreform und des Lastenausgleichs den Notleidenden zu helfen, erklärte der Wirtschaftsdirektor und gab damit ein Versprechen ab, das vor allem durch seine eigene Wirtschaftspolitik bald erfüllt wurde. Man könne aber diese Hilfe nicht in das vorliegende Gesetz hineinmischen, fügte Erhard hinzu. Unter starkem Beifall sagte er dann:

»Ich bin es wirklich leid, nach irgendwelchen Maßstäben und Grundsätzen, die nach meiner festen Überzeugung falsch sind, immer wieder hinzugehen und den Richter über die Wirtschaft zu spielen, vor allem darüber, was der einzelne bekommen soll oder nicht. Ich kann Ihnen aus Erfahrung sagen, daß es unter den Unternehmern große Kreise gibt, die sich unter der bisherigen

Wirtschaftspolitik sehr wohl gefühlt haben. Sie waren zu einer Art Staatspensionäre geworden, nicht auf Kosten des Staates, sondern auf Kosten des Volkes...«

Erhard fand Worte, die man in Deutschland seit vielen Jahren in dieser Deutlichkeit nicht mehr gehört hatte. Er erinnerte an das Prinzip der »Wirtschaftlichkeit«, das man im Zeitalter der Bevormundung aller Wirtschaftspartner und der Reglementierung aller wirtschaftlichen Vorgänge völlig vergessen hatte. Er rief den Abgeordneten ins Gedächtnis zurück, daß jede Unwirtschaftlichkeit von der Gesamtheit des Volkes getragen werden müsse. Man müsse sie deshalb beseitigen – nicht durch staatliche Bindungen, sondern dadurch, »daß derjenige, der aus irgendeinem Grunde nicht bestehen kann, zurückgedrängt wird oder, wenn es ganz schlimm steht, seine wirtschaftliche Existenz verliert...«

Dieses beharrliche Eintreten für freien Wettbewerb unter hartem Leistungsdruck erregte bei der Opposition starken Unwillen. Die SPD-Fraktion – redliche Politiker mit den besten Absichten, von denen viele in der Hitlerzeit aus Deutschland fliehen mußten oder inhaftiert waren – konnten sich mit einer solchen Denkweise nicht anfreunden. Der Gedanke, daß es unsozialer sei, unproduktive Teile der Wirtschaft durchzuschleppen statt den produktiven Kräften freie Bahn zu geben, wollte ihnen nicht einleuchten. Seit Jahrzehnten – eigentlich schon in den Krisen der Ära Brüning – hatte man einen Gegensatz zwischen Sozialpolitik und Wirtschaftspolitik konstruiert und es nicht für möglich gehalten, daß aus einer vernünftigen Wirtschaftspolitik auch die denkbar beste Sozialpolitik hervorgehen könne. (Der Irrtum, daß sich die am Gewinn ausgerichtete Marktwirtschaft nicht mit sozialen Fortschritten verträgt, beherrscht trotz aller gegenteiligen Erfahrungen heute noch viele Geister – in allen Parteien.)

Immer wieder wurde jetzt Erhard von Zurufen unterbrochen. Die Unruhe auf der linken Seite des Hauses zeigte, daß man seinen Darlegungen keinen Glauben schenkte und die schlimmsten Befürchtungen für die Zeit nach der Währungsreform hegte.

»Bei dem Mangel an Waren sind doch die Unternehmer die Starken«, schallte es dem Redner entgegen. Der blieb keine Antwort schuldig. Er konnte nicht nur gut durchdachte Reden halten, sondern auch treffend parieren und improvisieren, wenn man ihn unterbrach. So konterte er den Einwurf über die angebliche Überlegenheit der Unternehmer mit dem Hinweis, daß nach der Währungsreform aus der wirtschaftlichen Tätigkeit genau so viel Kaufkraft entstehen werde, »als auch Güter entstehen, für den einen etwas mehr, für den anderen etwas weniger...« An dem »weniger« entzündete sich erneut die Kritik- und Angriffslust der Opposition. Man wollte also die Armen und sozial Schwachen benachteiligen? Erhard vertrat seinen Standpunkt mit aller in dieser Stunde notwendigen Hartnäckigkeit, blieb aber geduldig und fair und ging auch auf die weiteren Einwendungen der Zwischenrufer ein. Er gab zu, daß die Deutschen in ihrer Lebenshaltung »enger aneinander rücken« müßten. Anschließend erläuterte er noch einmal, warum er den Übergang zu einer marktwirtschaftlichen Ordnung als Ergänzung zu dem drastischen Währungsschnitt für notwendig halte:

»Soll irgendeine Behörde die Entscheidung treffen können, wie die richtige Relation zwischen dem Arbeiter, dem Angestellten, dem Regierungsrat und dem Unternehmer ist? Das können Sie nicht behördlich verteilen oder binden. Das kann sich nur durch die ehernen Notwendigkeiten, durch die materiellen Bedingungen, unter denen wir zu leben haben, einspielen. Wir wissen nur das eine: Wir müssen den Kleinen schützen. Hier stehe ich vollständig auf Ihrer Seite...«

Gegen Schluß seiner Rede versicherte Ludwig Erhard, daß das vorgelegte Gesetz »kein Ermächtigungsgesetz für den Direktor der Verwaltung für Wirtschaft« sei, sondern »ein Gesetz zum Schutze der deutschen Währung, ein Gesetz zur Wiederherstellung der demokratischen Freiheiten und Grundrechte, ein Gesetz des sozialen Schutzes und ein Gesetz des wirtschaftlichen Wiederaufbaues...«

Langanhaltender Beifall und Händeklatschen bewiesen, daß der Wirtschaftsdirektor zumindest das Gros der bürgerlichen

Parteien vom praktischen Wert seiner Ideen überzeugt hatte.

Als nächster Sprecher betrat Dr. Gerhard Kreyssig die Rednertribüne. Der in Bayern zum Abgeordneten gewählte sozialdemokratische Redakteur war der schärfste und zäheste Debattenredner, den die Opposition ins Treffen zu führen hatte. Allerdings brachte er zunächst nur Einwände vor, die der Wirtschaftsdirektor längst widerlegt glaubte. Die Debatte drehte sich im Kreise, weil der stimmgewaltige Sozialdemokrat die Meinung Erhards, die Normalisierung der Wirtschaft lasse sich nur durch Freigabe der Preise und Wiederherstellung des freien Spiels von Angebot und Nachfrage erreichen, einfach ignorierte und rundweg erklärte:

»Wir haben seit vielen, vielen Jahren keine normale Wirtschaft, und wir werden auch sehen, daß die Währungsreform kein Wunder vollbringt, sondern erst nach der Währungsreform der wirklich gesunde Aufbau der Wirtschaft beginnen kann...«

Kreyssig hielt also eine Normalisierung erst als Spätfolge des Geldschnitts für möglich, während Erhard durch die mit der Währungsreform verbundene Wirtschaftsreform den Prozeß der Normalisierung gleich in Gang bringen wollte. Zwischen beiden Auffassungen gab es kaum eine Brücke. Der unter den damaligen Umständen geradezu revolutionäre Gedanke, den Schlußstrich unter den Dirigismus zu ziehen und so schnell wie möglich den Weg in die Freiheit anzutreten, war Kreyssig und seinen Freunden nicht geheuer. Auch Erhards Argument, die Kaufkraft der Arbeitenden werde nach der Währungsreform mit der Produktion übereinstimmen, leuchtete ihm nicht ein. Immer wieder klang in seiner Rede die Befürchtung durch, daß die weniger begüterten Bevölkerungskreise zu kurz kommen würden. So sagte er:

»Wir haben in Deutschland nach dem erheblichen Geldschnitt, der uns bevorsteht, eine sehr beträchtliche Kaufkraftreserve, und zwar eine Kaufkraftreserve derer, denen es schon bisher in der Wirtschaft außerordentlich gut gegangen ist, gemessen an dem sehr schweren wirtschaftlichen und sozialen Schicksal von Millionen anderen, gemessen an dem Schicksal jener durch das Naziregime völlig Enterbten und völlig Entrechteten. Diese werden fragen, warum keine richtige Wirtschaftspolitik, keine Bewirtschaftungs- und Preispolitik betrieben wird, damit *die* Menschen in den nächsten Monaten und Jahren die Erzeugung bekommen, die von 1945 ab, praktisch gesehen, für nichts gearbeitet haben und so gut wie nichts von den Erträgen ihrer Arbeit hatten. Daß dieser Zustand nicht eintritt und Maßnahmen getroffen werden, um das zu verhindern, das ist es, was die Politik und die Haltung der Sozialdemokratischen Partei in Deutschland kennzeichnet...«

Allerdings war sich auch Kreyssig darüber klar, daß die Zwangswirtschaft höchst unpopulär geworden war und im bisherigen Stil nicht weitergeführt werden konnte. Vom Gedanken an irgendeine Art behördlicher Lenkung kam der SPD-Sprecher aber nicht los. Es hagelte skeptische Zwischenrufe der bürgerlichen Parteien des Hauses, als er erklärte:

»Unter Bewirtschaftung verstehen wir eine planmäßige Hinlenkung der allernotwendigsten Dinge an die Stellen und zu den Menschen, die sie am dringendsten brauchen, also eine Lenkung der vorhandenen Konsumartikel...«

Im Gegensatz zu Erhard glaubte Kreyssig offenbar auch nicht an die enormen dynamischen Kräfte der Wirtschaft – an den Unternehmungsgeist der Arbeitgeber und den Fleiß und die Anpassungsfähigkeit der Arbeitnehmer –, die nach der Befreiung der Wirtschaft von ihren Fesseln dann tatsächlich einen schnellen Wandel vom Mangel zur ausreichenden Produktion erzielten. Kreyssig dachte statisch, er ging von dem bestehenden – höchst traurigen – Versorgungsgrad aus, als er in seiner Rede fortfuhr:

»Das Geldeinkommen, sage ich, ist notwendigerweise größer als die Produktion für den Konsum. Wir haben ein zweites entscheidendes Phänomen in unserer deutschen Wirtschaft, nämlich den Tatbestand, daß eben auf Grund der gesunkenen Leistung und Produktionskraft eine Ware, die in jedem normal funktionierenden Wirtschaftsleben mit *einer* Arbeitskraft hergestellt wird, in Deutschland *zwei* bis zweieinhalb Arbeitskräfte verlangt! Das bedeutet, daß zweieinhalb Arbeitskräfte sich in eine Wareneinheit teilen müssen, und das wiederum bedeutet eine außerordentlich tiefe Lebenshaltung der arbeitenden Massen. Aus dieser Einsicht heraus und aus diesen Gründen müßte eine klare Wirtschaftspolitik von wesentlich anderen Prinzipien ausgehen . . .«

Der SPD-Sprecher sprach sich grundsätzlich für eine Planwirtschaft aus, meinte aber, man dürfe »Planwirtschaft« nicht mit der Zwangsbewirtschaftung gleichsetzen. Seine Partei stehe nach wie vor auf dem Standpunkt, «daß die Wirtschaft nur in Gang gesetzt werden könnte durch eine systematische Planung aller notwendigen Bedarfsgüter in Deutschland...«

Kreyssig spürte jedoch, daß ein großer Teil des Hauses von seinen Einwänden nicht zu überzeugen war. Er zog sich deshalb auf eine Position zurück, die es der SPD möglich machen sollte, die Front der Marktwirtschaftler von innen heraus zu zermürben statt sie regelrecht aufzurollen. Der SPD-Sprecher schlug vor, die Ausführung des geplanten Leitsätze-Gesetzes durch ein Kontrollorgan überwachen zu lassen. Dabei schwebte der SPD ein Überwachungsausschuß aus fünf Abgeordneten des Wirtschaftsausschusses, drei Vertretern des Länderrates und zusätzlich zwei Vertretern der Gewerkschaften und je einem Vertreter des gewerblichen und landwirtschaftlichen Sektors mit beratender Stimme vor. Erhard merkte sofort, worauf dieser Vorschlag für die Bildung eines heterogen zusammengesetzten, in sich zerstrittenen Gremiums hinauslaufen sollte: Man wollte den Wirtschaftsdirektor ständig beaufsichtigen und die rasche Abwicklung der Maßnahmen, die ihm notwendig erschienen, verhindern.

Nach der Rede Kreyssigs, die von seiner Partei mit Bravo-Rufen und lebhaftem Händeklatschen begrüßt wurde, kam noch kurz der Jurist und Volkswirt Dr. Alfred Kroth als Sprecher der kleinen KPD-Fraktion des Wirtschaftsparlaments zu Wort. Er vertrat die Meinung, daß das »freie Unternehmertum« die Schuld an dem herrschenden Chaos trage und es versäumt worden sei, die »wirtschaftliche Energie der Werktätigen« einzusetzen und mit ihrer Hilfe die Wirtschaft vorwärts zu treiben. Einem »Ermächtigungsgesetz« für Erhard werde seine Fraktion nicht zustimmen.

Der Auftritt des kommunistischen Sprechers war nur ein kurzes Zwischenspiel, aber er zeigte deutlich, daß es keine Erfahrung der letzten Jahrzehnte vermocht hatte, längst von der Geschichte widerlegte Irrtümer aus marxistischen Köpfen zu tilgen. War nicht schon Lenin gescheitert, als er »die wirtschaftliche Energie der Werktätigen« zum alleinigen Motor der Wirtschaft machen wollte? Der Gründer der Sowjetunion mußte damals dem privaten Unternehmertum gewisse Freiheiten einräumen, um den Aufbau in Gang zu bringen. Und Stalins rigorose Planwirtschaft, die auf Lenins Neue Ökonomische Politik folgte, konnte nur unter ungeheuren Opfern eine sozial fragwürdige, von ständigen Verschleißerscheinungen bedrohte Ordnung schaffen. Es wäre aber 1948 nur Zeitverschwendung gewesen, den kommunistischen Parolen entgegenzutreten. Zwar war die alte KPD aus der Weimarer Republik wieder aufgelebt, aber außerhalb der Partei gab es keine starke geistige Strömung zugunsten linksradikaler Experimente. Trotz gewisser Neigungen zum Dirigismus hatte sich die SPD als demokratische Partei deutlich von der äußersten Linken abgegrenzt.

Erhards Freunde im Wirtschaftsrat waren auf die große Redeschlacht gut vorbereitet. Kaum hatte der Kommunist Kroth seine wenig ergiebigen Ausführungen beendet, – da trat auch schon eine Phalanx von bürgerlichen Abgeordneten, darunter als erste Wilhelm Naegel für die CDU und Dr. Eberhard Bungartz für die FDP, in Erscheinung, um Ludwig Erhards Standpunkt mit schlagkräftigen Argumenten zu unterstützen und zu unterstreichen.

Naegel: »Staatliche Eingriffe dürfen nur ein Ziel haben, die Versorgung der Bevölkerung zu verbessern, und wo sie das nicht erreichen, sind sie überflüssig und müssen verschwinden...«

Bungartz: »Das Geld soll wieder in seine alte Funktion zurückgeführt werden. Das ist entscheidend. Denn entweder spielt das Geld die Rolle des allgemeinen Tauschmittels oder aber der Bezugsschein. Aber daß wir zweierlei Tauschmittel haben wie bisher, von denen eines wertlos sein muß, das geht jetzt nicht mehr...«

Anschließend an die Reden seiner Gesinnungsfreunde setzte sich Ludwig Erhard geduldig und mit sachlicher Entschiedenheit – aber ohne jede persönliche Schärfe – mit den Einwänden des SPD-Abgeordneten Kreyssig auseinander. Der Wirtschaftsdirektor zerpflückte die Behauptung seines politischen Hauptgegners, daß man nicht zur wirtschaftlichen Freiheit übergehen könne, weil die Zustände nicht normal seien:

»Es ist hier gesagt worden, man könnte diesen Weg nicht gehen, weil wir keine normale Wirtschaft haben. Ich möchte einmal fragen, was eine normale Wirtschaft ist. Ist eine Wirtschaft normal, in der – jetzt für die Bizone oder die Trizone – das Sozialprodukt einen Wert von 20, 30 oder 40 oder 50 Milliarden Mark darstellt? Wo beginnt hier die Normalität, wo hört sie auf?...«

Es klang ein wenig professoral, was Erhard nun sagte. Er versuchte seinen Gegnern klarzumachen, daß eine normale Wirtschaft nichts mit dem Umfang des Sozialproduktes zu tun habe. Normal war nach seiner Definition einfach eine freie Wirtschaft, in der sich der Güteraustausch ohne Behinderung und staatliche Eingriffe vollziehen konnte, eine Wirtschaft, die – wie der Wirtschaftsdirektor erklärte – »auf geordneter Währungsgrundlage eine dimensional gleiche Entwicklung von Kaufkraft und Produktion, also von Volkseinkommen und Sozialprodukt, herbeiführen kann«. Erhard trug dies ohne oberlehrerhaften Ton vor, aber doch in einer Art, wie man ein Seminar unter Zuhörern veranstaltet, die nicht mit allen auftauchenden Begriffen vertraut sind und denen man zunächst einige elementare Einsichten vermitteln muß. In der Tat waren viele Mitglieder dieses Hauses – selbst solche mit durchaus gediegener politischer und allgemeiner Bildung – dem wirtschaftlichen Denken entwöhnt. Deutschland war ja auch geistig viele Jahre von der Welt abgeschnitten gewesen und in der Wirtschaftswissenschaft hatten nur wenige mehr oder weniger einsame Denker neue Erkenntnisse gesammelt und sich unter dem Eindruck des Gegensatzes zwischen dem Dirigismus totalitärer Staaten und den immer noch relativ freien anderen Wirtschaftsordnungen neue Begriffe angeeignet.

Wie weitere Zwischenrufe bewiesen, war aber ein Teil des Hauses auch durch solche Erläuterungen nicht zu überzeugen. Dennoch versuchte es Erhard immer wieder. Er ging auch auf die Befürchtung des Abgeordneten Kreyssig ein, daß bei dem ungeheuren Mangel die Preise nach der Währungsreform zwangsläufig steigen müßten. Wieder wurde das Parlament zum volkswirtschaftlichen Seminar, als Ludwig Erhard seine Ansicht hierzu erläuterte. Er versicherte, daß er sein Amt mit dem bewußten Willen angetreten habe, »die Produktion umzulenken und eine viel größere Energie auf die Verbrauchsgüter anzuwenden«. Dann fuhr er fort:

»Aber der Preis wird nicht durch den Mangel gebildet, nicht durch das physiologische Bedürfnis, sondern der Preis bildet sich auf Grund der Nachfrage, die jemand in der Tasche hat... Ich wollte wünschen, daß man mit dem Mangel kaufen könnte. Aber das kann man nicht. Man muß kaufen mit der Kaufkraft, und das Bedürfnis und der kaufkraftgedeckte Bedarf sind zwei ganz verschiedene ökonomische Größen. So stark auch der Mangel ist, er kann nur dahin wirken, daß einer seine gesamte Kaufkraft verausgaben will für Verbrauchsgüter und daß er nichts spart. Er kann dahin wirken, daß er und jeder einzelne in der Volkswirtschaft zu der Überzeugung kommt: wir müssen mehr arbeiten, um den Mangel zu überwinden. Aber zu glauben, daß der Mangel irgendeine Wirkung auf den Preis ausüben könnte, ist ganz bestimmt irrig...«

Die SPD gab sich keineswegs geschlagen, sie schickte zunächst ihren Abgeordneten Heinz Meyer, einen Kaufmann aus Bremen, ins Treffen. Meyer beteuerte, daß auch seine Partei die im Dritten Reich entstandenen Bewirtschaftsorganisationen auflösen wolle. Zugleich ließ er aber erkennen, daß man an eine neue Form der Bewirtschaftung denke: durch paritätische Wirtschaftskammern bzw. Wirtschaftsstellen, in denen Vertreter des arbeitenden Teiles der Bevölkerung mitwirken sollten. »Wir sind für Selbstverwaltung innerhalb der Wirtschaft, aber wir sind nicht für Selbstverwaltung der Unternehmer innerhalb der Wirtschaft«, betonte der SPD-Sprecher. Immer wieder klang aus den Reden der Sozialdemokraten das Mißtrauen gegen die Unternehmerschaft heraus.

Noch einmal erhob sich Erhard von seinem Platz, um klarzustellen, daß er keinesfalls die überholte bürokratische Apparatur durch neue Organe – seien es Behörden oder seien es irgendwelche Räte – ersetzen wolle. Mit der »Auflösung und Aufsaugung der Bewirtschaftung« sei nicht die Absicht verbunden, »neue Selbstverwaltungsorgane zu schaffen, die sich auf lange Sicht mit den Fragen der Verteilung und Bewirtschaftung befassen sollen«. Die paritätische Zusammenarbeit sei in der Verwaltung für Wirtschaft gewährleistet. Die zunächst noch notwendigen Verteilungsaufgaben – wie etwa die Aufteilung importierter Borsten und Haare unter die Bürsten- und Pinselhersteller – sei Aufgabe einiger sachkundiger Fabrikanten, die das Vertrauen ihres Kreises erworben hätten. Es handele sich hier lediglich um »Interimsfunktionen«.

Nachdem der Versuch Meyers, paritätische Kontrollorgane für die Wirtschaft ins Gespräch zu bringen, abgeschlagen schien, meldete sich nochmals der SPD-Abgeordnete Dr. Kreyssig zu Wort. Er warnte erneut vor dem »Sprung ins kalte Wasser«, wie der Übergang zur freien Wirtschaft und zu freien Preisen bezeichnet worden sei. In bildhafter Sprache beschwor der beredsame sozialdemokratische Abgeordnete den Wirtschaftsrat, die Sache noch einmal zu bedenken:

»Es ist meinem Gefühl nach ein überaus fragwürdiger Schritt, einen todkranken Mann ins kalte Wasser zu schmeißen, und die deutsche Wirtschaft ist ein todkranker Mann seit drei Jahren. Den wirklichen Umfang der Krankheit und das Restchen Pulsschlag, das diese kranke Wirtschaft noch hat, werden wir am Tage der Währungsreform sehr deutlich feststellen können. Was meine Fraktion hier vor allen Dingen zum Ausdruck bringen wollte, ist, daß wir es für eine überaus gefährliche Maßnahme ansehen, im letzten Augenblick, ehe man die Möglichkeit hat, den schwachen Pulsschlag zu messen, den Patienten Hals über

Kopf ins kalte Wasser zu werfen. Es soll nämlich schon vorgekommen sein – und dafür ist das Schicksal ganzer Völker und der Ablauf der Konjunktur und der Wirtschaft in vielen Ländern ein Maßstab –, daß der kranke Mann, der ins Wasser geworfen wurde, einen Schlaganfall gekriegt hat und abgesoffen ist. Genau das möchten wir gerne verhindern...«

Damit war die erste Lesung des Leitsätze-Gesetzes und der Änderungen der Bewirtschaftungsvorschriften beendet, die Debatte sollte allerdings später noch einmal in aller Heftigkeit aufleben. Nach kurzer Erörterung weiterer Tagesordnungspunkte unterbrach Präsident Köhler die Sitzung, um eine Mittagspause einzulegen. Am Nachmittag ergriff noch einmal Professor Erhard das Wort, um das »Gesetz über die Aufhebung und Lockerung von Gewerbebeschränkungen« zu begründen, das ihm als wichtiges Teilstück der von ihm geplanten Wiederherstellung wirtschaftlicher Bewegungsfreiheit sehr am Herzen lag. Knapp und unmißverständlich erklärte der Wirtschaftsdirektor:

»Es handelt sich hier tatsächlich um eine Wiederherstellung der Gewerbefreiheit und darum, alle diese Gesetze, die aus der nationalsozialistischen Zeit herrühren, zu beseitigen und die Gewerbebeschränkung aufzuheben. Sie wissen, daß in der Zeit des Nationalsozialismus die Beschränkung in der Wirtschaft außerordentlich stark war, nicht allein aus ökonomischer, sondern aus politischer und militärischer Zielsetzung heraus... Für die Industrie wird eine völlige Freiheit hergestellt. Für das Handwerk fällt die Bedürfnisprüfung weg, weil es sich ja in der Praxis nur zu deutlich gezeigt hat, daß der Begriff des volkswirtschaftlichen Bedürfnisses nicht richtig ausgelegt worden ist. Ich kenne eine Unzahl von Beispielen dafür, daß Leute, die zweifellos ihre fachliche Eignung haben nachweisen können, im deutschen Reichsgebiet keine Berufsmöglichkeit bekommen haben, wenn sie als Flüchtlinge aus dem Sudetenland gekommen sind, sich im freien Gewerbebetrieb oder auch als Handwerker niederzulassen, weil das durch diese engherzige Auslegung des Begriffes Bedürftigkeit und Bedürfnis unterbunden wurde...«

Der Wirtschaftsdirektor äußerte die Überzeugung, daß das

neue Gesetz den Menschen die Freiheit geben werde, sich unabhängig von dem engherzigen Interessenstandpunkt entsprechend ihrer Befähigung und ihrem Können zu betätigen, und daß die größere Freizügigkeit bessere Möglichkeiten zur Wiederherstellung der wirtschaftlichen Existenzgrundlagen schaffen werde. Der FDP-Abgeordnete Dr. Fritz Oellers, Rechtsanwalt aus Nordrhein-Westfalen, schloß sich dieser Meinung an. Er vertrat die Auffassung, daß der Gesetzentwurf gerade bei den deutschen Ostvertriebenen einem außerordentlichen Interesse begegnen werde. Die vielen Schranken, die der Eingliederung der Ostvertriebenen in gewerbliche Berufe und in Handelsberufe entgegenstünden, sollten damit beseitigt werden. – Schon bald nach der Währungsreform zeigte es sich, wie recht Erhard und seine Freunde hatten: Den Flüchtlingen und Heimatvertriebenen, die aus ihren früheren Wohngebieten große berufliche Erfahrungen und Fertigkeiten mitbrachten, wurde durch die Wiederherstellung der Gewerbefreiheit die Gründung neuer Existenzen erleichtert. Gleichzeitig zog die Wirtschaft aus der Unternehmungs- und Arbeitslust der Neubürger erheblichen Nutzen für ihren Wiederaufbau.

Da sich kein Widerstand gegen den Gesetzentwurf regte, wurde er ohne weitere Diskussion den zuständigen Ausschüssen überwiesen. Die Plenarsitzung mußte um 16.45 Uhr abermals unterbrochen werden. Am Abend verwandelte sich der behelfsmäßige Parlamentssaal in einen Musentempel. Die aktuelle Zeitbühne »Die Hinterbliebenen«, eines der berühmten Kabaretts der Nachkriegszeit, gastierte mit einem zeitkritischen Programm. Wie auf Verabredung spielten die Kabarettisten am Großkampftag des Wirtschaftsrates ihre Revue »Auf in den Kampf«. Während die pointenreichen, mit musikalischen Motiven aus der Oper »Carmen« vertonten Texte durch den Saal dröhnten und die Besucher die kessen Kommentare zum Zeitgeschehen mit amüsierten Gelächter quittierten, hielten die Parteien in benachbarten Räumen interne Beratungen ab. Unter Vorsitz des bewährten CDU-Abgeordneten Haffner, des Chefs der Salamander-Schuhfabriken, wurde ferner im Wirtschaftsausschuß insbesondere über das von sozialdemokratischer Seite beantragte Gremium diskutiert, das die Ausführung der dem Wirtschaftsdirektor in den Leitsätzen zugesprochenen Vollmachten kontrollieren sollte. Erhards politische Freunde hielten ein solches Kontrollorgan nicht für nötig, machten aber dennoch den Versuch, den Wünschen der Opposition entgegenzukommen, um eine möglichst breite Basis für die Annahme ihrer Gesetzesvorlagen zu finden. Auch die Verwaltung der Wirtschaft war mit der Bildung eines beratenden Ausschusses einverstanden, der jedoch den Direktor nicht unter Kuratel stellen sollte. In eine Neufassung des Gesetzes wurde deshalb die Bestimmung aufgenommen, daß ein parlamentarischer Überwachungsausschuß, bestehend aus fünf Mitgliedern des Wirtschaftsrates und drei Mitgliedern des Länderrates, zu bilden sei. Der weitergehende Antrag, die Entscheidungen des Direktors von einem Bewilligungsausschuß abhängig zu machen, wurde abgelehnt.

In der um 23.24 Uhr beginnenden Nachtsitzung des Wirtschaftsparlaments gab der CDU-Abgeordnete Naegel diesen von der Mehrheit des Wirtschaftsausschusses gefaßten Beschluß bekannt. Zugleich betonte er, daß ein neuer Absatz in die Vorlage eingebaut worden sei, »der sich in klarer Erkenntnis der engen logischen Verflochtenheit zwischen Preisen und Löhnen damit beschäftigt, daß gleichzeitig mit der Lockerung der Preisbindung auch eine Lockerung der Lohnbildung verbunden sein müßte«. Damit werde den Fragen Rechnung getragen, die von der arbeitenden Bevölkerung im Zusammenhang mit der Währungs- und Wirtschaftsreform gestellt würden.

Aber auch die zweite und dritte Lesung des Gesetzes über die Leitsätze nach der Geldreform und der Gesetze zur Änderung der Bewirtschaftungsvorschriften führte zu einem Zusammenprall zwischen den Anhängern der Wirtschaftsfreiheit und den besorgten Befürwortern neuer – wenn vielleicht auch verminderter – Reglementierungen. Zwischen dem SPD-Abgeordneten Erwin Schoettle, einem wortgewandten Journalisten aus dem Schwäbischen, und dem CDU-Abgeordneten Theodor Blank, einem Mann aus der christlichen Gewerkschaftsbewegung, der zu den entschiedensten Anhängern Erhards gehörte, kam es zu einem leidenschaftlichen Redegefecht. Schoettle empfand es als besonders störend, daß man dem Direktor der Verwaltung für Wirtschaft »weitgehende Vollmachten« übertragen wolle, wie sie kein Parlament akzeptieren könne. Auch Erwin Schoettle fand bildhafte Vergleiche, um die Risiken, die nach seiner Meinung mit dem Weg in die Wirtschaftsfreiheit verbunden waren, in abschreckender Form darzustellen:

»Es will uns manchmal scheinen, als ob gewisse Herren hier den Ehrgeiz hätten, die gefährliche Kurve, in die die deutsche Wirtschaftspolitik nach der Reform geraten wird, mit einer Stundengeschwindigkeit von 120 km zu durchfahren und im größten Gefahrenmoment noch Vollgas zu geben... Die sozialdemokratische Fraktion ist nicht in der Lage, diese Haltung mitzumachen. Wir können sie schon deshalb nicht mitmachen, weil bei dem Drang nach der Freiheit der Wirtschaft die Gefahr heraufbeschworen wird, daß ein erheblicher Teil unseres Volkes nicht mehr mitkommt und ermattet am Straßenrand liegenbleibt...«

Schoettle setzte sich auch mit dem von Erhard in der Ausschußsitzung geäußerten Verdacht auseinander, man wolle den Wirtschaftsdirektor »unter Kuratel« stellen. Ohne Umschweife erklärte der sozialdemokratische Sprecher, daß Erhard und seine Verwaltung »nicht das Vertrauen der sozialdemokratischen Fraktion genossen haben und genießen«. Man könne einem Mann, der das Vertrauen der Opposition nicht hundertprozentig genieße, keinen »Blanko-Kredit geben«. Vielmehr müsse man ihm »solche Bremsen anlegen, daß ein Zwang zu Verständigung besteht«. Der vorgesehene Überwachungsausschuß habe nur dann einen Sinn, wenn er in der Lage wäre, »dem Direktor bei Entscheidungen nicht nur post festum zu sagen, was ihm nicht gefällt, sondern an seinen Entscheidungen aktiv mitzuwirken...« Der SPD-Abgeordnete sprach dann von einem »Phantom«, dem man hier nachjage und das man »freie Wirtschaft« nenne.

Von ständigen Zwischenrufen unterbrochen, trat Theodor

Blank in einen lebhaften Schlagabtausch mit dem Abgeordneten Schoettle ein. Der aus dem Ruhrpott stammende und mit der Arbeiterschaft verbundene CDU-Sprecher, der später zu Ministerehren kam, hatte schneller als mancher Intellektuelle begriffen, welche Chancen die freie Wirtschaft den deutschen Arbeitern bieten würde. Den Einwand Schoettles, man gehe mit dem Gesetzentwurf »einen gefährlichen Weg«, konterte er mit dem Satz:

»Glauben Sie mir, ich spreche das, was ich hier sage, mit voller Überzeugung: wir gehen mit diesem Gesetz den vom Volk gewünschten Weg...«

Blank fuhr dann fort:

»Wenn Sie für dieses Gesetz nicht mitstimmen, so werden wir das Gesetz durchziehen. Das ist eine ganz klare saubere Haltung. Wenn Sie auf Ihrem Oppositionsstandpunkt beharren, wenn Sie meinen, daß die Zugeständnisse, die wir gemacht haben, nicht groß genug seien, dann müssen Sie uns wohl das Recht überlassen, das Gesetz so durchzuziehen, wie es unserer Intention entspricht...«

Der CDU-Sprecher ging dann noch auf die ständigen Vorwürfe ein, Ludwig Erhard hinge Theorien an, die in der Luft hingen:

»Nehmen Sie es mir nicht übel, ich muß wohl antworten, daß gerade bei Ihnen eine Theorie, von der Sie nicht loskommen können, die hemmende Rolle spielt. Das ist doch wohl offenkundig geworden...«

Als Blank darauf zu sprechen kam, daß man trotz der sozialdemokratischen Ablehnung des Reformwerkes den vorgesehenen Ausschuß zur Beratung der Verwaltung für Wirtschaft in das Gesetz einbauen werde, rief ihm der Abgeordnete Kreyssig das Wort »Demokratisches Scheinmanöver« zu. Blank antwortete auf der Stelle:

»Kein Scheinmanöver, Herr Kreyssig! Das haben wir gar nicht nötig; denn unser Weg ist klar: Wir wollen von der Zwangswirtschaft herunter. Wenn Sie dabei nicht mitgehen wollen, nun schön, dann gehen wir diesen Weg eben allein. Wir gehen ihn aber nicht hemmungslos, haben Sie gar keine Sorge. Wenn Sie nur mitarbeiten wollten, um den Preis, die Dynamik dieses Ablaufs zu hemmen, wie es der Herr Abgeordnete Schoettle hier gesagt hat, dann allerdings ist mit dieser Mitarbeit für uns nicht allzuviel gewonnen...«

In seinen weiteren Ausführungen betonte Blank, daß das vorgelegte Leitsätze-Gesetz der erste Schritt sei, »um der Zwangswirtschaft den Garaus zu machen«. Die SPD habe ebenfalls mehrfach die Absicht geäußert, die Zwangswirtschaft abzubauen, »nur in einem anderen Tempo«. Über das Tempo könne man aber im Augenblick gar nicht bestimmen, das werde sich nach den gegebenen Möglichkeiten richten. Während Theodor Blank sprach, herrschte starke Unruhe unter den Abgeordneten, deren Nerven möglicherweise durch die physische und psychische Anstrengung der bis in die Nacht ausgedehnten Beratungen schon etwas überreizt waren. Immer wieder schallten dem Redner Zwischenrufe und Gelächter entgegen. Er sprach aber unbeirrt weiter und sagte zum Schluß:

»Wir wären auch jetzt noch bereit zu sagen, ein solches Gesetz können wir gemeinsam machen, aber wir müssen ganz klar erkennen, Herr Abgeordneter Schoettle, daß Sie hier nicht bremsen wollen, sondern daß Sie, wenn Sie schon der Meinung sind, man müsse den ersten Schritt zum Abbau der Zwangswirtschaft tun, daß Sie dann auch mit uns die Dinge gleichmäßig durchziehen. Wenn aber Ihre Erklärungen nur platonischen Wert haben sollen, dann werden wir ganz einfach dieses Gesetz auch gegen Ihre Stimmen durchziehen. Aber wir werden den von Ihnen gewünschten Parlamentarischen Kontrollausschuß in dem Gesetz drin lassen, um Ihnen jede Möglichkeit zu nehmen, daß Sie dann behaupten, wir gäben dem Direktor der Verwaltung für Wirtschaft diktatorische Vollmachten...«

Unter Händeklatschen der Anhänger Erhards verließ Theodor Blank die Rednertribüne. Anschließend rügte der Präsident den Abgeordneten Kreyssig, der in seinen Zwischenrufen einmal den Ausdruck »fauler Zauber« gebraucht habe. Daraufhin meinte Blank unter dem Lachen des Hauses, er halte das nicht für tragisch.

Trotz einiger Temperamentsausbrüche, die bei dieser schwierigen Entscheidung und in dieser späten Stunde verständlich waren, herrschte im Frankfurter Wirtschaftsparlament ein erträglicher Ton. Man nahm kein Blatt vor den Mund, wenn man den politischen Gegner bei einer Unrichtigkeit oder Unlogik ertappt zu haben glaubte. Aber bei aller Schärfe in der Sache vermied man nach Möglichkeit persönliche Kränkungen. Der neu geborene deutsche Parlamentarismus war nicht zur menschlichen Unversöhnlichkeit entartet. Man fühlte sich als Notgemeinschaft und billigte auch dem weltanschaulichen und politischen Gegner zu, daß er zumindest den guten Willen habe, eine deutsche Demokratie aufzubauen.

Blank hatte sich gut geschlagen, und nach ihm traten noch weitere Redner auf, die Ludwig Erhards Konzeption wirkungsvoll verteidigten. So zum zweiten Mal der FDP-Abgeordnete Bungartz, der den Abgeordneten der Opposition nochmals zu erläutern suchte, daß das gewählte Gesetzesverfahren der einzig gangbare Weg zur Überwindung der auch von ihnen abgelehnten Zwangswirtschaft sei:

»Wir sind uns darüber einig, Sie und wir, daß die Zwangswirtschaft abgebaut wird. Es fragt sich jetzt nur, wie können wir das machen? Wir hätten als Wirtschaftsrat einen Beschluß fassen können: die und die Zwangswirtschaft wird von vornherein abgebaut! Zu diesem Beschluß konnten wir uns nicht durchringen, weil keiner von uns auch nur einigermaßen übersehen kann, in welchem Tempo das nun erfolgen könnte. Plötzlich können wir es nicht machen, wenn wir auch wissen, daß wir den Sprung ins Wasser tun müssen. Es bliebe uns dann nur der zweite Weg übrig zu gehen, eben der, daß wir gar nicht abbauen. Das wollen wir aber nicht. Darum haben wir nun den einzig richtigen Weg beschritten. Wir haben die Exekutive, das ist der Direktor der Verwaltung für Wirtschaft, und nicht den Wirtschaftsrat, beauftragt, diese Zwangswirtschaft abzubauen, und haben ihm dafür klare Richtlinien gegeben ...«

Bungartz wiederholte kurz die wichtigsten Leitsätze, in denen vorgesehen war, der Freigabe der Bewirtschaftung bzw. der Preise »den Vorzug« vor der Beibehaltung des Dirigismus zu geben. Gleichzeitig bemühte er sich jedoch, Besorgnisse der Opposition zu zerstreuen, indem er darauf hinwies, daß Hauptnahrungsmittel und Rohstoffe zunächst bewirtschaftet bleiben würden. Der FDP-Abgeordnete wandte sich gegen die inzwischen vereitelte Absicht der Opposition, einer Minderheit von einem Viertel oder etwas mehr als einem Viertel ein Vetorecht in dem vorgesehenen Überwachungsausschuß zu geben. Mit dieser Bremse hätte doch kein Mensch arbeiten können, sagte der Redner. Der unermüdliche SPD-Abgeordnete Kreyssig unterbrach daraufhin den FDP-Sprecher durch Zwischenrufe. Es kam zu einer Kontroverse zwischen Kreyssig und Bungartz, und Kreyssig wurde dabei von seinem Fraktionskollegen Schoettle unterstützt, während die Erhard-Anhänger dem FDP-Redner Beifall spendeten. Die Opposition war jedenfalls noch nicht eingeschlafen, fühlte sich auch nicht widerlegt und stand auf dem Sprung zu weiteren Attacken. Aber auch die Vorkämpfer einer freieren Ordnung hatten ihr Pulver noch längst nicht verschossen. Dem Abgeordneten Bungartz folgte der Zentrumsabgeordnete Dr. Fritz Stricker, Journalist und Verkehrsminister a. D. (in Nordrhein-Westfalen). Stricker erinnerte die Abgeordneten daran, daß die Zwangswirtschaft sich vollkommen totgelaufen hatte und die Menschen draußen im Lande vergeblich von Amt zu Amt liefen, um Bezugsscheine für einen Hut, einen Strumpf oder einen Anzug zu erhalten. Eine Verschlechterung gegenüber diesem Zustand könne es überhaupt nicht mehr geben. Es könne nur noch zu einer Verbesserung kommen, und wenn man die Chance hätte, eine Verbesserung herbeizuführen, dann sollte man dem dazu nötigen Gesetz die Zustimmung geben.

Jetzt fuhr die Opposition eines ihrer schwersten Geschütze auf. Der Abgeordnete Adolf Arndt, Ministerialrat in Hessen und einer der scharfsinnigsten Juristen der Nachkriegszeit, holte zu einem längeren Vortrag aus, um die rechtliche Anfechtbarkeit der dem Haus unterbreiteten Vorlagen zu beweisen. Arndt erhob formale Bedenken gegen den Text der Leitsätze, die in der

Tat mehr improvisiert als endgültig formuliert klangen. Die letzte juristische Exaktheit fehlte, aber die ungewöhnliche Situation, der Übergang von einem gescheiterten und nicht mehr anwendbaren zu einem neuen Ordnungssystem, letztlich das entstandene Chaos, erforderte ungewöhnliche Mittel. Die Entwicklung gab den Verfassern der Leitsätze schon bald darauf recht.

Arndt fand einen ebenbürtigen Gegner in dem Hamburger CDU-Abgeordneten Dr. Gerd Bucerius, von Beruf Rechtsanwalt und Verleger. Bucerius meinte, Arndt und seine Genossen wüßten doch genau, was mit den Leitsätzen beabsichtigt sei:

»Wir wollen erreichen, daß das System der Zwangsbewirtschaftung ein Ende nehme, daß ein grundsätzlicher Wandel Platz greife. Wir wollen erreichen, daß die Zwangswirtschaft abgebaut werde. Und wenn etwa der Direktor der Verwaltung für Wirtschaft mit dem Gedanken kommen sollte, sich entgegen diesen Leitsätzen auf die formale Bestimmung zu stützen und etwa eine Maßnahme einzuführen, die die Zwangswirtschaft nicht aufhebt, sondern sie verstärkt, dann können Sie sicher sein, daß wir die Gültigkeit dieser Bestimmung mit aller Energie und Entschiedenheit anzweifeln werden und auch die rechtlichen Möglichkeiten dazu haben . . .«

Man könne an jedem Gesetz herumdoktern, fuhr Bucerius fort. Auch lasse sich nicht ausschließen, daß Gesetzentwürfe die eine oder andere Ungenauigkeit enthielten, wenn die Not zum Handeln dränge. Er möchte es sich versagen, die Gesetzentwürfe der SPD daraufhin zu überprüfen.

Bucerius fand Unterstützung bei dem FDP-Abgeordneten Bungartz, der erneut die Probleme auf die einfachste und einleuchtendste Formel zu bringen suchte. Er bekannte, daß er kein Jurist sei, aber dieses Gesetz könne jeder verstehen und kapieren. »Wir können in der Wirtschaft etwas damit anfangen, und ich glaube auch, daß wir damit etwas ohne Juristen anfangen können...«

An den letzten Reden der Freunde Erhards entzündete sich abermals die politische Leidenschaft des temperamentvollen Sozialdemokraten Kreyssig. Es war schon lange nach Mitternacht, aber für Kreyssig, der die Debatte mit großer Spannung verfolgt hatte, gab es keine Müdigkeit. Er erhob sich zu einer der längsten Reden, die während dieser historischen Auseinandersetzung gehalten wurden. Eigentlich war es schon mehr ein Rückzugsgefecht, aber dennoch suchte er seinen Gegnern noch einige rhetorische Schläge zu versetzen. Zunächst befaßte er sich in sarkastischer Form mit den Ausführungen des CDU-Abgeordneten Bucerius:

»Ich habe volles Verständnis dafür, daß der Abgeordnete den Sprung ins kalte Wasser wagen will, wagen möchte. Er wohnt an der Wasserkante, wo häufiger gebadet wird, und da ist ein Sprung in kaltes Wasser nicht ganz so schlimm, als wenn es ein kranker Mann tut. Und außerdem gehört er zu der Fraktion im Hause, die Schwimmgürtel besitzt, nämlich das Sachwertpolster, das all' die anderen nicht haben, die jetzt durch die Währungsreform ins kalte Wasser geworfen werden. Und mit einem Schwimmgürtel schwimmt es sich bekanntlich leichter...«

Der kühle Hanseat Bucerius hörte sich diesen rhetorischen Ausfall gelassen an. Es sprach daraus das alte Vorurteil, daß die Armen immer ärmer werden müßten, wenn die Reichen möglicherweise reicher würden. Im Grunde genommen wußten aber auch Kreyssig und seine sozialdemokratischen Freunde, die längst den Trennungsstrich gegenüber den Kommunisten gezogen hatten, daß eine Aufteilung der aus dem Krieg geretteten Sachwerte technisch kaum durchführbar war und die Volkswirtschaft weiter zerrüttet hätte, ohne den Bombengeschädigten und Flüchtlingen wirklich zu helfen. Für diesen Personenkreis hatten Erhard und seine Mitarbeiter ohnehin einen finanziellen Lastenausgleich ins Auge gefaßt, der mit keinem gewaltsamen Eingriff in die Freiheit der wirtschaftlichen Entfaltung verbunden sein sollte. Kreyssig setzte sich anschließend in einer detailreichen Antwort an den Abgeordneten Bungartz mit den Formulierungen auseinander, die von der Mehrheit des Wirtschaftsausschusses für die Leitsätze zuletzt beschlossen worden waren. Meinungsverschiedenheiten darüber entluden sich erneut, als Oberdirektor Pünder den Behauptungen Kreyssigs durch Zwischenrufe widersprach und später der Abgeordnete Bungartz noch einmal in die Debatte eingriff. Das meiste, was jetzt diskutiert wurde, war nur noch ein Streit um Dinge, die bereits feststanden, oder (wie man im Volksmund sagt) um des Kaisers Bart. Interessant war jedoch, daß der SPD-Sprecher die bewußt gewählten Kann-Bestimmungen beanstandete. Er sah einen Nachteil in der letzten Fassung des Gesetzes, worin es zum Beispiel nicht mehr hieß, daß Bekleidungstextilien, Schuhe und Seife der Bewirtschaftung unterworfen werden *sollen,* sondern daß sie einer Verbrauchsregelung unterworfen bleiben *können.* Die Anhänger Erhards wünschten, daß die Verwaltung für Wirtschaft entsprechend der sich nach der Währungsreform ergebenden Situation flexibel handeln könne, aber den Sozialdemokraten war gerade diese Flexibilität unheimlich.

Aus der Rede von Kreyssig wurde abermals deutlich, daß die Opposition die Wirtschaft weiterhin an einem Gängelband führen wollte und ihr einfach nicht zutraute, aus eigener Kraft im Rahmen einer freiheitlichen Ordnung die nötigen Fähigkeiten zum Neuaufbau zu entwickeln. Kreyssig beteuerte zwar, daß seine Partei noch niemals begeisterte Anhängerin der Zwangswirtschaft gewesen sei, fügte aber hinzu:

»Wir sind immer die Vertreter und Befürworter einer wirklich funktionierenden Planwirtschaft gewesen. Vielleicht wird es allmählich klar, daß wirklich ein Unterschied zwischen Planwirtschaft und Zwangswirtschaft besteht. Ob das allerdings bis zu den Professoren, die von Genf nach Deutschland herüberschreien, gelangen wird, ist eine andere Frage...«

Das war eine Anspielung auf Professor Wilhelm Röpke, den bedeutenden Wissenschaftler und Vorkämpfer der freien Marktwirtschaft im Freundeskreis Ludwig Erhards.

Praktisch war jetzt alles gesagt, was zu sagen war. Die Fronten standen sich unverrückbar gegenüber. Nach der kurzen Replik des Abgeordneten Bungartz auf die lange Rede von Kreyssig beantragte der CDU-Abgeordnete Horn den Schluß der Debatte über den wichtigsten Punkt der Tagesordnung, das Leitsätze-Gesetz. Da sich kein Widerspruch erhob, schloß der Präsident diesen Teil der Beratungen ab. Inzwischen hatte sich eine Anzahl der Abgeordneten aus dem Sitzungssaal entfernt. Es war ihnen nachzufühlen, daß sie zwischen den turbulenten nächtlichen Auseinandersetzungen das Bedürfnis nach Erholungspausen hatten. Präsident Köhler läutete die Abstimmung der zweiten Lesung ein. Etwas mehr als 80 Abgeordnete versammelten sich im Sitzungssaal, absolute Vollzähligkeit war nicht mehr herzustellen. Die Abstimmung erfolgte durch Handaufheben, sie ergab 51 Ja- und 35 Nein-Stimmen für das Befreiungsgesetz Erhards. Der Präsident ließ sofort die Abstimmung über die dritte Lesung folgen, auf Wunsch der Sozialdemokraten sollte diesmal namentlich abgestimmt werden. Plötzlich stellte sich heraus, daß nur noch 50 Abgeordnete für das Gesetz waren und 36 dagegen. Offenbar war einer der Herren wankend geworden oder man hatte sich vorher verzählt. Das war aber jetzt gleichgültig. Die Mehrheit für die neue Frankfurter Wirtschaftspolitik und den Kurswechsel zur Marktwirtschaft war nicht überwältigend, aber sie genügte. Für Erhard und seine Mitstreiter hatte sich der hohe persönliche Einsatz in einer Marathonsitzung ohnegleichen gelohnt.

Noch konnten die Volksvertreter nicht in ihre Heimatorte fahren oder sich in die bescheidenen Übernachtungsstätten zurückziehen, die damals die Hauptstadt der Bizone zu bieten hatte. Es war Freitag früh, etwa dreißig Stunden später sollte die Geldumstellung verkündet werden. Für die Zeit nach der großen Operation waren noch einige Vorlagen zu verabschieden. Obwohl die Uhrzeiger schon eine Stunde anzeigten, in der nicht einmal Nachtbummler noch unterwegs waren (soweit es die im Frankfurt der ärgsten Notzeit überhaupt gab), gingen die Auseinandersetzungen weiter. Es folgten noch neue Kontroversen und lebhafte Zwischenrufe. Obwohl einigen der anwesenden Herren die Augen langsam zufielen, fanden noch Nachhutgefechte statt. Die Erregung des schweren Konfliktes über das Leitsätze-Gesetz zitterte nach.

Gegen fünf Uhr Freitag früh schloß Präsident Köhler die 18. Vollversammlung des Wirtschaftsrates und verabschiedete die Abgeordneten mit den Worten:

»Und nun, meine Damen und Herren: bald wird der erste Schritt zur Währungsreform getan. Seien wir uns bewußt, daß wir alle – jeder zu seinem Teil und jeder an seinem Platz – unserem Volk in dieser Stunde den Rat und den Halt zu geben haben, den jedermann im Volke von seinen politischen Repräsentanten im Sinne einer echten Demokratie fordern kann und fordern muß...«

Als die Abgeordneten ihre Plätze geräumt hatten und nach fünf Uhr die Straßen betraten, zeigte sich die Ruinenstadt im fahlen Licht der Morgendämmerung. Das war eher ein gespenstischer als ein erhebender Anblick und erinnerte die Politiker daran, daß die Unternehmer und Arbeitnehmer neben solidem Geld verständnisvolle Führung und Bewegungsfreiheit brauchten, um diese Stadt und das gesamte Land wieder aufzubauen. Im Herzen Frankfurts, an der eine Minute von der Börse entfernten Hauptwache, waren die Spuren der Verwüstung noch allzu deutlich. Wann würde dieses Herz wieder schlagen wie in alten Zeiten? Wann würden die anderen deutschen Städte wieder zum echten – von Reglementierungen und Behinderungen freien – wirtschaftlichen und sozialen Leben erwachen?

Erhard und seine Mitstreiter begrüßten das glückliche Ende einer langen, erbitterten Auseinandersetzung mit Genugtuung, ihr Einsatz am 17. Juni und in der darauffolgenden Nacht zum 18. Juni hatte sich gelohnt. Die wichtigste parlamentarische Entscheidung für den Durchbruch zur Freiheit war gefallen. Nach der Annahme der Leitsätze im Wirtschaftsrat stand zwar noch die formelle Zustimmung des Länderrates aus, der aber die Vorlage am Montag, dem 21. Juni, einstimmig, also auch mit den Stimmen aller sozialdemokratischen Länderregierungen, passieren ließ. Die Militärregierung gab ihren amtlichen Segen erst am 30. Juni 1948. Ludwig Erhard konnte jedoch in der damaligen Situation das restliche Gesetzgebungsverfahren als Formsache ansehen, er handelte blitzschnell und zum günstigsten Zeitpunkt: am 20. Juni 1948, dem Sonntag der Währungsreform, der damit auch zum Beginn der Wirtschaftsreform wurde.

Wenn die Deutschen, deren Schaffensdrang der Wirtschaftsdirektor richtig einschätzte, in den darauffolgenden Wochen die neuen Banknoten sinnvoll nutzen, zunächst ihre dringendsten Bedürfnisse decken und dann mit der ihnen eigenen Strebsamkeit und Wendigkeit an die Arbeit gehen würden, dann konnte nichts schiefgehen. Noch stand ein schweres Ringen mit der Not bevor, aber das Startzeichen für die entscheidenden Schritte zu ihrer Überwindung war in den frühen Morgenstunden des 18. Juni gegeben.

Die Frankfurter, die um diese Zeit in ihren Notquartieren oder in überfüllten Wohnungen schlummerten und vielleicht von besseren Zeiten träumten, ahnten noch nicht, daß diese besseren Zeiten in greifbare Nähe gerückt waren. Dank der Entschlußkraft weitblickender Männer im Wirtschaftsrat und der zähen Ausdauer Erhards und seiner Mitstreiter.

Operation gelungen – Patient lebendiger denn je

Der ausführende Chirurg bei dem großen Schnitt in den deutschen Wirtschaftskörper, aus dessen Kreislauf das Gift der inflationär aufgeblähten Reichsmark entfernt wurde, war der junge amerikanische Finanzsachverständige Eduard Tenenbaum. Nach der schweren Operation verschwand der smarte Mann aus Übersee von der deutschen Szene. Er kam im Jahre 1975 in New York bei einem Autounfall ums Leben. Für die deutsche Öffentlichkeit hatte er nie ein klares Profil gewonnen. Gelegentlich taucht sein Name in zeitgeschichtlichen Werken auf, aber die Einzelheiten seines Wirkens blieben immer im Halbdunkel. Sicherlich war aber der von ihm vollzogene Schnitt, an dessen Vorbereitung zuerst deutsche und später weitere alliierte Experten beteiligt waren, wohldurchdacht und wirksam. Wie bei jeder Operation war jedoch auch bei dieser die Vor- und Nachbehandlung von ausschlaggebender Bedeutung. Dank der vorsorglichen Maßnahmen Erhards und seines Amtes überwand der Patient »deutsche Wirtschaft« unmittelbar nach dem Schnitt seinen Schwächezustand, erholte sich – nach einigen unvermeidlichen Rückschlägen – überraschend schnell und war bald gesünder und lebendiger als je zuvor. Hermann Pünder, seinerzeit Oberdirektor des Wirtschaftsrates, meinte später, ohne die in seiner Behörde durchgesetzte »grundsätzliche Änderung der bisherigen Wirtschaftslenkung« wäre die Geldreform sinnlos gewesen. Für diese heute unumstrittene Erkenntnis habe man damals nach allen Seiten streiten müssen.

Am 19. Juni 1948, einem Sonnabend, erfuhren die Deutschen über den Rundfunk, daß sie am Sonntag neues Geld erhalten würden. In einer gemeinsamen Proklamation der West-Alliierten hieß es:

»Das erste Gesetz zur Neuordnung des deutschen Geldwesens ist von den Militärregierungen Großbritanniens, der Vereinigten

Staaten und Frankreichs verkündet worden und tritt am 20. Juni in Kraft. Die bisher gültige deutsche Währung wird durch dieses Gesetz aus dem Verkehr gezogen. Das neue Geld heißt »Deutsche Mark«, jede Deutsche Mark hat hundert deutsche Pfennige. Das alte Geld, die Reichsmark, die Rentenmark und die Alliierte Militärmark, ist vom 21. Juni an ungültig...«

Am Sonntag, dem 20. Juni 1948, versammelten sich die Deutschen zum letzten Mal in überlangen Schlangen vor den Kartenstellen, wo sie alte Reichsmark ablieferten und gegen Vorlage ihrer Kennkarte und der Lebensmittelkarten die künftig allein maßgebenden Bezugsscheine erhielten: in Übersee frisch gedruckte D-Mark-Noten, die unter größter Geheimhaltung herangeschafft worden waren. Jeder Bürger empfing zunächst 40 D-Mark Kopfgeld, den Betrieben wurden für jeden bei ihnen beschäftigten Arbeitnehmer 60 D-Mark als Anfangskapital zugeteilt. Die Anrechnung der Bank- und Sparguthaben erfolgte später. Rund 37 Milliarden Reichsmark verfielen nach einer Schätzung in Hans Roepers »Geschichte der D-Mark« der Vernichtung, andere Chronisten rechnen noch mit weit höheren Summen, die mit einem Schlag ungültig waren. Schwarzhändler und Bürger, deren Geld aus zwielichtigen Geschäften stammte und die eine Strafverfolgung befürchten mußten, lieferten ihre hohen Reichsmarkbestände vielfach überhaupt nicht ab. Das unerbittliche Ausmaß des Geldschnitts zeigte sich darin, daß Inhaber von Bank- und Sparkonten für je 100 Reichsmark nur noch ganze 6,50 D-Mark bekamen. Da man einen neuen Anfang auf gesicherter Rechnungsgrundlage wünschte, mußte man die Geldmenge der äußerst knappen Warenmenge anpassen und konnte den Geldumlauf erst nach und nach – entsprechend der Entwicklung der Produktion und des Warenangebots – erhöhen. Für die Deckung der D-Mark durch ein ausreichendes Güterangebot sorgte der Wirtschaftsdirektor so gut vor, wie das unter den damaligen schwierigen Umständen überhaupt möglich war.

Erhard hatte zwar gerade noch rechtzeitig vor der Währungsreform die neuen Leitsätze vom Wirtschaftsrat genehmigen lassen und unternahm die jetzt nötigen ersten Schritte im Vorgriff auf die bevorstehende Beendigung des deutschen Gesetzgebungsverfahrens, von dem keine schweren Hindernisse mehr zu erwarten waren. Aber es gab noch eine nicht genau abzuschätzende andere Hürde, und er mußte nochmals allen Mut zusammennehmen, um auch sie schnell zu überwinden. Noch verkörperten ja der Wirtschaftsrat und der Verwaltungsrat der Bizone keine Regierung im staatsrechtlichen Sinne, sie waren an Weisungen der Militärregierung gebunden. Der Wirtschaftsdirektor mußte die Militärbürokratie vor ein fait accompli stellen, denn ihr ausdrückliches Einverständnis zur Beendigung der Zwangswirtschaft war kaum zu erlangen. Es blieb ihm nichts anderes übrig, »als ein großes Spiel zu wagen«, wie er dies später selbst nannte, und noch am Sonntag eine weitgehende Aufhebung der Bewirtschaftung für den darauffolgenden Montag bekanntzugeben. Er kalkulierte ganz richtig, daß zu dieser Stunde keine Bürokratie aktionsfähig war und ihm niemand Hindernisse in den Weg legen konnte. Waren die Dinge erst einmal eingelaufen, dann würden seine Verfügungen kaum noch rückgängig zu machen sein. Freilich lag ein Risiko in dieser Denk- und Handlungsweise, aber ohne die bewußte Übernahme von Risiken wäre die deutsche Wirtschaft nie aus ihrer Erstarrung herausgekommen. So erfuhren die gerade mit neuem Geld ausgestatteten Deutschen schon am Sonntag zu ihrer Überraschung im Rundfunk, daß sie morgen bereits verschiedene bisher bewirtschaftete Güter frei kaufen könnten. Am Montag war die tiefe väterliche Stimme des Wirtschaftsdirektors, an die sich die Deutschen immer mehr gewöhnten und die ihnen zunehmend Vertrauen einflößte, über die deutschen Sender zu hören. In Erhards stark beachteter Rede zum Start in eine neue Wirtschaftsepoche hieß es unter anderem:

»Ich appelliere nicht an einen dumpfen, nebelhaften Glauben, nicht an das Wunder der Unvernunft, wenn ich unser Volk in seinem Vertrauen zu unserer neuen Währung bestärken möchte, sondern ich appelliere gerade umgekehrt an den gesunden Sinn, die Einsicht und die Erkenntniskraft von Ihnen allen, wenn ich Ihnen vor Augen führe, daß eine Gefahr für die Stabilität des neuen Geldes nicht bestehen kann, wenn wir uns einer geordneten öffentlichen Haushaltsführung befleißigen und durch eine ebenso geordnete Geld- und Kreditpolitik dafür Sorge tragen, daß die Übereinstimmung von Güterproduktion und Kaufkraftbildung gewahrt bleibt...«

Der Wirtschaftsdirektor verband diesen Appell mit der Mitteilung, daß »die Verwaltung für Wirtschaft bereits am gestrigen Tag Freigaben von verschiedenen Gebrauchs- und Verbrauchsgütern aus der Bewirtschaftung verkündet« habe, und daß Vorkehrungen getroffen seien, »die Zügel der Bewirtschaftung noch lockerer zu gestalten«. Die am Montag vor ihren Rundfunkgeräten sitzenden Hörer konnten sich davon überzeugen, daß ihnen kein Wort zuviel versprochen wurde. In den Schaufenstern tauchten Haushaltswaren, Textilien und viele andere Gebrauchsgegenstände auf, die jahrelang aus dem Handel verschwunden waren. Zu Friedenspreisen konnte man manches frei kaufen und sein Kopfgeld in lang entbehrte Waren umwechseln. Daß nicht zuviel gekauft wurde und die Kaufleute die Kunden umwerben und sich nach ihrem Geld drängen mußten, statt die Käufer nach Ware Schlange stehen zu lassen, – dafür sorgte die Knappheit der Zahlungsmittel. Jeden Tag erlebten die hocherfreuten Verbraucher nun neue Überraschungen. Schuhe wurden für 15 D-Mark das Paar und Anzüge zum Stückpreis von 80 D-Mark angeboten, freilich zunächst in einer Verarbeitung und einem Material, über die man einige Zeit später nur noch mitleidig lächelte, weil sich jetzt die Fabriken und ihre Arbeiter im Kampf um die Märkte und im Drang nach dem neuen Geld um die Herstellung immer besserer Qualitäten bemühten. Die gute D-Mark, aber auch der gesunde Ehrgeiz der Deutschen, der sich in der Wettbewerbswirtschaft endlich wieder entfalten konnte, stachelten zu Leistungen und Höchstleistungen an. Die Käufer waren keine »Normalverbraucher« mehr, die man mehr schlecht als recht abfertigte, sondern geschätzte Arbeitgeber der Wirtschaft, denen man mit Rat und Tat zu dienen hatte.

Man konnte nun sogar innerhalb von acht Tagen einen Volkswagen zum Verkaufspreis von 5300 D-Mark erhalten.

Zwanzig Ami-Zigaretten kosteten nunmehr sechs D-Mark. Vorher hatte sich der Kurs einer *einzigen* Ami-Zigarette, der Leitwährung der schwarzen und grauen Märkte, zwischen 5 und 6 Reichsmark bewegt. Im ironischen Ton schrieb die britische Zeitung News Chronicle: »In dieser Woche ist die stabilste Währung in Europa zerstört worden. Es ist die Währung der Zigarette.«

Natürlich stammte einiges von dem, was jetzt auf dem Markt erschien, aus Hortungslagern. Es war ein unvermeidlicher Schönheitsfehler der neuen Frankfurter Wirtschaftspolitik, daß damit einzelnen Fabrikanten und Geschäftsleuten nicht unbedingt durch Leistung gerechtfertigte Gewinne in den Schoß fielen. Allerdings hatten vor der Einführung des neuen wertbeständigen Geldes nicht nur Unternehmer ihre Waren zurückgehalten, sondern auch die Arbeitnehmer ihre Arbeitskraft nur zögernd eingesetzt – aus begreiflichen Gründen. Es wäre auch eine kaum lösbare Aufgabe gewesen, die Hortungslager vorher ausfindig zu machen und die Vorräte dann gerecht aufzuteilen. Selbst wenn es gelungen wäre, die Horter zu zwingen, ihre Bestände zu regulären Preisen in mehr oder weniger wertloser Reichsmark auf den Markt zu bringen, dann hätten nicht die bedürftigsten Volksschichten daraus Nutzen gezogen, sondern die schlauesten, gewitztesten und schnellsten Käufer.

Erhard war sich darüber klar, daß das Angebot an Hortungsware nach Einführung der D-Mark den ersten Nachfragestoß aushalten mußte. Er war keineswegs der »Schutzheilige der Horter«, wie man ihn später nannte, sondern kalkulierte ganz realistisch mit einem gewissen – übrigens nicht übermäßig großen – Vorrat an zurückgehaltener Ware, die auf den Markt gelockt werden mußte. Der Warenvorrat wäre bald erschöpft gewesen, wenn nicht durch den Marshallplan und amerikanische Dollarkredite finanzierte Importware die weitere Nachfrage abgefangen und den Warenhunger nach und nach befriedigt hätte.

Was der Wirtschaftsdirektor schon vor Jahren in seiner Denkschrift für eine Gruppe von Industriellen und für Carl Goerdeler in den Grundzügen angeregt hatte, wurde nun Wirklichkeit: Die ersten Maßnahmen wurden »auf eine rasche und möglichst umfassende Verbrauchsgütererzeugung« gerichtet, um durch ausreichende Versorgung der arbeitenden Menschen die Basis für die weitere Aufbautätigkeit zu schaffen. Selten oder nie war es einem Wissenschaftler vergönnt gewesen, die Ergebnisse seines Forschens und Denkens so erfolgreich in praktische Politik umzusetzen wie jetzt dem Wirtschaftsprofessor Ludwig Erhard. Überall in Westdeutschland war neue Arbeitslust zu spüren, und dank der Finanzierung von Rohstoffeinfuhren durch alliierte Hilfe und bald auch durch sinnvoll verwendete Betriebskredite von deutscher Seite lief die Neuproduktion schneller auf vollen Touren als in den kühnsten Träumen erwartet worden war. Die Fabriken brauchten für ihren weiteren Ausbau Geld, Geld und nochmals Geld und konnten kein Stück Ware mehr zurückhalten. Arbeitnehmer, die bisher teilweise vom Schwarzen Markt oder von Gelegenheitsarbeiten gegen Naturalien gelebt hatten, drängten in ihre Berufe und zu normaler Arbeit in Produktion, Gewerbe und Handel zurück – zu Arbeits- und Dienstleistungen, für die kaufkräftiges Geld und damit auch Bedarfsgüter zu erhalten waren. Die Güterproduktion, die vor der Währungs- und Wirtschaftsreform auf 40 bis 50 Prozent des Standes von 1936 gesunken war, stieg noch im Herbst 1948 auf 75 Prozent an und überschritt in den folgenden Jahren jedes früher erreichte Produktionsniveau um das Mehrfache. Unter dem Eindruck der Gesundung der deutschen Wirtschaft schrieb ein Schweizer Journalist:

»Die Lethargie, die bis zu diesem Augenblick das ganze deutsche Leben in Bann gehalten hatte, war gewichen. Die rasch folgende Liberalisierung, die Umstellung der Weichen auf die Soziale Marktwirtschaft vertiefte die ökonomischen Auswirkungen der Reform; indem sie den Damm der Zwangswirtschaft durchstieß, lenkte sie auch den aufgestauten Strom der politischen Energie in neue Kanäle...«

Eine günstige psychologische Wirkung auf die Lebens- und Schaffensfreude der deutschen Bevölkerung ging auch von den kleinen Genüssen aus, die man sich bald wieder leisten konnte.

Die »normative Kraft des Faktischen« führte bald dazu, daß man es schon vor der offiziellen Aufhebung der restlichen Bewirtschaftungsvorschriften mit den formell noch bestehenden Bestimmungen nicht mehr so genau nahm. Keine Behörde kümmerte sich darum, wenn eine Konditorei gegen einen geringen Aufpreis ein Stück Torte mit Sahne markenfrei verabreichte oder ein Gastwirt ohne Abtrennung des entsprechenden Abschnitts der Lebensmittelkarte seinen Gästen Fleischgerichte auftragen ließ. Man wußte, daß die letzten papiernen Überreste der Kartenwirtschaft ohnehin bald verschwinden würden und behandelte sie noch geringschätziger als zuvor. Der einmal in Gang gesetzte Drang zur Befreiung von Gängelung und Bevormundung war nicht mehr aufzuhalten, die Bevölkerung nahm begreiflicherweise schon die Erleichterungen vorweg, die ihr die Behörden noch schrittweise einräumen wollten.

Bei den alliierten Ämtern war man allerdings über die Eigenmächtigkeit des deutschen Wirtschaftsdirektors erbost, der einfach die Abwesenheit der Bürokraten an einem Sonntag benutzt hatte, um dem Veto gegen seine eilig gefaßten und sofort in die Tat umgesetzten Beschlüsse zu entgehen. In der Woche nach diesem Schritt schien sich eine düstere Wolke über Erhards Haupt zusammenzubrauen. Besonders die Engländer zeigten sich konsterniert: Wie konnten es die Deutschen wagen, zu einer Zeit, in der Englands Labourregierung noch mit strammen Rationierungsvorschriften den Mangel auf der Insel zu bewirtschaften suchte, glattweg das Joch des Wirtschaftsdirigismus abzuschütteln? Wenn man bedenkt, daß England – wenn auch nicht im gleichen Maß wie die Amerikaner – mit Hilfslieferungen zur Linderung der allerärgsten Not in seiner Besatzungszone beigetragen hatte, erscheint die Empörung der Briten nicht ganz unverständlich. Der amerikanische General Clay als Hauptsprecher der drei alliierten Militärgouverneure konnte sich der Verpflichtung nicht entziehen, im Namen der alliierten Behörden gegen Erhards eigenmächtige Handlungsweise zu protestieren. Clay – im Inneren seines Herzens ein pragmatischer Antibürokrat wie der deutsche Wirtschaftsdirektor – tat dies offensichtlich nur mit halbem Herzen. Es kam zu dem berühmten Gespräch zwischen dem obersten Repräsentanten der Siegermacht und dem kühnen deutschen Wirtschaftspolitiker, das in allen historischen Darstellungen der bizonesischen Wirtschaftsära seinen Niederschlag gefunden hat. Auf die Vorhaltungen des Generals, Erhard habe in alliierte Rechte eingegriffen und die Bewirtschaftungsvorschriften geändert, gab der Wirtschaftsdirektor die klassische Antwort: »Ich habe sie nicht abgeändert, ich habe sie aufgehoben«. Es zeugt von der Klugheit des Amerikaners, daß er sich mit dieser Erklärung schließlich zufriedengab und Erhard gewähren ließ, obwohl alliierte Dienststellen auch später noch häufig die deutsche Wirtschaftspolitik kritisierten und einen Kurswechsel zu erreichen suchten. Clay war schon bald nach der Übernahme seines Amtes zu der Ansicht gelangt, daß es am besten sei, die Deutschen ihre inneren Angelegenheiten weitgehend allein regeln zu lassen. Nicht ohne Genugtuung bemerkte er bald, daß das von ihm stillschweigend geduldete Frankfurter Reformwerk seine Früchte trug. Noch Jahre später schrieb er in einer Glückwunschadresse zum 75. Geburtstag Erhards die folgenden anerkennenden Zeilen:

»The reform of the currency was an allied decision... However, the removal of economic controls was a decision made by Direktor Erhard and by him alone...«

(»Die Währungsreform war eine alliierte Entscheidung... Jedoch über die Aufhebung der Wirtschaftskontrollen entschied Direktor Erhard ganz allein...«)

Wie hoch Clay diese deutsche Entscheidung einschätzte, ergab sich aus weiteren Sätzen seiner Würdigung der Politik Erhards:

»The change which took place over-night was almost unbelievable... a business recovery had started over-night which still continues and which has resulted in West-Germany to become one of the greatest industrial countries in the world...«

(»Die Wandlung, die über Nacht stattfand, war fast unglaublich... Es begann eine wirtschaftliche Erholung, die noch immer anhält und die dazu geführt hat, daß Westdeutschland eines der größten Industrieländer der Welt wurde...«)

Clay betonte ferner, daß Westdeutschland dank seiner neuen Wirtschaftspolitik den vollen Nutzen aus der Marshallhilfe gezogen habe (was man wohl nicht von allen Empfängern der Hilfsgelder und Hilfslieferungen behaupten kann). Das wirtschaftliche Wachstum habe sich unter der meisterhaften Führung des deutschen Bundeswirtschaftsministers Erhard fortgesetzt, und die aus dem Marshallplan resultierende wirtschaftliche Zusammenarbeit habe die Gründung der Bundesrepublik Deutschland und ihre Aufnahme als souveräne Macht in die europäische Völkergemeinschaft beschleunigt. Die Entscheidungen Erhards hätten nur von einer starken Persönlichkeit getroffen werden können, die den Mut besaß, zu ihren Überzeugungen zu stehen, und die Bereitschaft, für ihre Umsetzung in die Tat die Verantwortung zu tragen.

Zu den zahlreichen Würdigungen der Entscheidung Erhards für die Freiheit im Sommer 1948 gehört auch ein Aufsatz von Jacques Rueff, dem wegen des Ranges seines Autors als international bekannter französischer Wirtschaftsexperte und späterer Währungsberater de Gaulles dokumentarische Bedeutung zukommt. Rueff schildert darin zunächst die Verhältnisse vor dem Tag X, dem Stichtag der Geldumstellung:

»Wer es gesehen hat, der weiß, daß Westdeutschland in der Zeit von 1945 bis 1948 als ein einziger Trümmerhaufen dalag. Sämtliche Fabriken standen still, sämtliche Läden waren leer ... Nirgends machten sich Anzeichen einer Erholung bemerkbar. Der Wirtschaftskörper war so schwer leidend, daß er selbst nicht mehr auf die Krankheit reagierte...«

Dann kommt Rueff auf die Verwandlung der deutschen Szene nach der Währungs- und Wirtschaftsreform zu sprechen:

»Vom Juni 1948 ab änderte sich alles mit einem Schlage. Alle Kurven stiegen steil an. Die Produktion der Landwirtschaft und der Industrie erwachten im gleichen Augenblick, Wohnbauten begannen aus dem Boden zu schießen, und bald erreichte der Wiederaufbau ein solches Tempo, wie man es sich in keinem der benachbarten Länder auch nur vorstellen konnte. In der Zeit von 1948 bis 1952 war der Export um das Sechsfache gewachsen. Das reale Volkseinkommen stieg zwischen 1948 und 1950 um vierzig Prozent...«

Weiter berichtet Rueff mit dem Esprit und der Eloquenz des Franzosen über die Eindrücke ausländischer Beobachter unmittelbar nach der vollzogenen Geldumstellung:

»Der schwarze Markt verschwand urplötzlich. Die Auslagen waren zum Bersten voll von Waren, die Fabrikschornsteine rauchten, auf den Straßen wimmelte es von Lastkraftwagen. Wo es auch sei, überall statt der Totenstille der Ruinen das Gerassel der Baustellen. Aber war schon der Umfang dieses Wiederaufstieges erstaunlich, so noch mehr seine Plötzlichkeit. Er setzte auf allen Gebieten des Wirtschaftslebens auf den Glockenschlag mit dem Tage der Währungsreform ein... Von einem Tag zum anderen füllten sich die Läden mit Waren, fingen die Fabriken wieder an zu arbeiten. Noch am Abend vorher liefen die Deutschen ziellos in den Städten umher, um kärgliche zusätzliche Nahrungsmittel aufzutreiben, am Tage darauf dachten sie nur noch daran, sie zu produzieren. Am Vorabend malte sich die Hoffnungslosigkeit auf ihren Gesichtern, am Tage darauf blickte eine ganze Nation hoffnungsfreudig in die Zukunft...«

Rueff forderte seine nationalökonomischen Kollegen dringend auf, »den Fall Deutschland zu studieren«. Als Wirtschaftswissenschaftler fand er eine relativ einfache, aber durchaus einleuchtende Erklärung der Ursachen des deutschen Wiederaufstiegs:

»Die Menschen und die Dinge, aus denen Deutschland besteht, haben sich in der Nacht vom 20. auf den 21. Juni 1948 nicht geändert. Was sich geändert hat, ist lediglich das Ordnungsprinzip, das Deutschland angewandt hat, um sich seiner neuen Struktur anzupassen. Vor der Währungsreform war dies die auf die Spitze getriebene Zentralverwaltungswirtschaft. Nach der Währungsreform war es der mit der bewußten Disziplin des Marktes arbeitende Preismechanismus. Daraus ergibt sich mit Notwendigkeit: die nicht zu leugnende Starrheit der deutschen Wirtschaft vor der Währungsreform war nur zu einem geringen Teil die Wirkung einer neuen Wirtschaftsstruktur. Zum größten Teil war sie die Folge einer falschen Wirtschaftsordnung. Durch die Befreiung der Preise, durch die Abschaffung gewisser rechtlicher oder tatsächlicher Institutionen, die sie fesselten, und dadurch, daß dem Geld wieder ein Sinn gegeben wurde, indem man der Inflation ein Ende machte, ist in der deutschen Volkswirtschaft ein in Anbetracht aller Umstände erstaunlicher Grad an Elastizität wiederhergestellt worden. Sie wirkt sich darin aus, daß die deutsche Volkswirtschaft sich an die unerhörten Strukturänderungen angepaßt hat, die die Folge der Niederlage, der Gebietsverstümmelung und der Bevölkerungsverschiebungen gewesen sind...«

Die Wirtschaftsfachleute des Auslandes waren über die deutsche Wiedergesundung begeistert. Aber die innenpolitische Opposition grollte noch immer, sie konnte sich nicht mit ihrer Niederlage im Streit um die neue Wirtschaftsordnung abfinden, war wohl auch ehrlich davon überzeugt, daß dies alles nicht gut ausgehen könne. Natürlich gab es einige Rückschläge, in einzelnen Wirtschaftszweigen mußten sich die Preise erst auf die neue Situation einspielen, vorübergehend kam es auch zu Erhöhungen des Preisniveaus. Ferner gab die Situation am Arbeitsmarkt zur Sorge Anlaß. Die in den engen Lebensraum Westdeutschlands eingeströmten Flüchtlingsmassen verstärkten die Nachfrage nach Arbeitsplätzen, die nicht schnell genug bereitgestellt werden konnten. Da die Hersteller von wertlosem Plunder, in den die ratlosen Käufer während der Inflation ihr überschüssiges Geld gesteckt hatten, nunmehr ihre Fabrikation einstellen mußten, verminderte sich auch von dieser Seite her die Zahl der Arbeitsplätze. In der Zeit der Geldentwertung hatten nicht allzu viele Leute dringend nach der schlecht entlohnten Arbeit gefragt. Ein regelrechter Arbeitsmarkt entstand erst jetzt wieder.

Die neu in Gang gesetzten Betriebe nahmen jedoch nach und nach Millionen von Arbeitnehmern auf, die vorher unproduktiv oder überhaupt nicht tätig waren. Es kam nicht zu der Dauerarbeitslosigkeit von fünf bis sieben Millionen Menschen, die vor dem Geldschnitt von Gegnern der freien Wirtschaft prophezeit worden war. Erhard behielt immer wieder recht, wenn er die Meinung äußerte, daß sich die Preise einpendeln würden und eine Konsolidierung der Lage zu erwarten sei. Aber seine innenpolitischen Gegner gaben keine Ruhe und bedrängten ihn hart. In Streitgesprächen mit Professor Nölting, einem der glänzendsten Redner der SPD, bewies der Wirtschaftsdirektor und spätere Bundeswirtschaftsminister wiederholt sein enormes politisches Stehvermögen und seine unerschütterliche Überzeugung von der Überlegenheit der neuen Wirtschaftsordnung. Diese Auseinandersetzungen begannen 1948 im Zirkus Althoff auf dem Frankfurter Zoogelände und setzten sich in anderen Städten der Bundesrepublik noch bis in die frühen fünfziger Jahre fort. Über Erhards Auftreten in der überfüllten Versammlung im riesigen Althoff-Bau berichtete eine Augenzeugin:

»Professor Erhard war in dieser ablehnenden Umgebung so ungezwungen, so strahlend selbstsicher und zuversichtlich, so von der Richtigkeit seiner Wirtschaftspolitik auch angesichts vorübergehender Schwierigkeiten überzeugt, daß er mit fliegenden Fahnen die Szene verließ. Ich hörte später, daß er mit diesem Auftritt auch in SPD-Kreisen Sympathien gewonnen hätte – was mich nicht wunderte...«

Seine schwerste Anklage richtete Wirtschaftsprofessor Erich Nölting im Dezember 1951 in der von 5000 Menschen besuchten Düsseldorfer Rheinhalle gegen den Bundeswirtschaftsminister. Nölting bezeichnete die Wirtschaftspolitik Erhards als nationale Gefahr und behauptete, die Bundesrepublik sei »ein Paradies für die Reichen und eine Hölle für die Armen geworden«. Erhard blieb ihm eine schlagkräftige Antwort auf solche Anwürfe nicht schuldig. Er habe ein »solches Feuerwerk erwartet«, sagte der Minister. Es habe zwar im wesentlichen aus Knallfröschen bestanden. Damit erziele man aber nur Erfolge in der Dunkelheit und bei ängstlichen Gemütern. Im hellen Licht ließen sich solche Behauptungen nicht aufrecht erhalten. In aller Deutlichkeit hielt Erhard der SPD vor, daß sie »in einem wahrhaft geschichtlichen Augenblick, dem einzig möglichen Zeitpunkt für eine Befreiung aus der Zwangswirtschaft«, nämlich in der Marathonsitzung des Wirtschaftsrates kurz vor der Währungsreform vom 20. Juni 1948, alles getan habe, um ihn an diesem Schritt zu hindern. Mit Bezug auf eine Bemerkung Nöltings, daß eine neue Auflage der Zwangswirtschaft drohe, versicherte der Bundeswirtschaftsminister seinen Zuhörern: »Lassen Sie sich nicht schrecken; solange ich hier stehe, bricht solches Übel nicht noch einmal über Sie herein...«

Erhard konnte an diesem Tag durch eine Parade eindrucksvoller Zahlen die Erfolge seiner Sozialen Marktwirtschaft belegen. Das Produktionsvolumen der deutschen Volkswirtschaft im Gebiet der Bundesrepublik war inzwischen auf 134 Prozent des Standes von 1936 gestiegen, und die Zahl der Beschäftigten hatte sich seit 1948 um rund 1,5 Millionen erhöht und war weiter im Wachsen. In der offenherzigen Sprache eines durch falsche Beschuldigungen herausgeforderten Politikers, der seiner Sache ganz sicher ist, fuhr Erhard fort:

»Völlig aus der Luft gegriffen, abwegig und objektiv falsch sind Äußerungen, die deutsche Wirtschaftspolitik hätte dahin geführt, daß 90 Prozent des deutschen Volkes durch meine Schuld eine Verschlechterung des Lebensstandards erfahren hätten und der Verelendung zutreiben. Ich möchte diejenigen aufrufen, denen es heute schlechter geht als vor der Währungsreform. Ich kann derartige Behauptungen nicht anders charakterisieren, denn als einen politischen Schwindel oder eine bodenlose Dummheit...«

Mit den Gewerkschaften hatte Erhard zwar auch heftige Auseinandersetzungen zu bestehen, aber das Verhältnis zu wichtigen Gewerkschaftsführern, so zu Hans Böckler, war von gegenseitigem Respekt bestimmt. Am 12. November 1948 protestierte der Gewerkschaftsbund der Bizone in einem 24stündigen Generalstreik gegen die neue deutsche Wirtschaftspolitik und verlangte die Einsetzung eines Preiskommissars und die Erfassung von Sachwertbesitz, also praktisch die Abschaffung der Marktwirtschaft und die Einführung einer Planwirtschaft. In einer Rundfunkansprache wies der Wirtschaftsdirektor dieses Ansinnen zurück, machte aber klar, daß er den Gewerkschaften als

Institution nicht feindlich gegenüberstehe. Die von einer parlamentarischen Mehrheit getragene Wirtschaftspolitik dürfe jedoch nicht zur Farce werden und dem Diktat sozialer, wirtschaftlicher oder politischer Gruppen unterliegen. – Konflikte mit den Gewerkschaften flammten später noch mehrmals auf, so auch infolge der vorübergehenden Preissteigerungen für Rohstoffe bei Beginn des Koreakrieges im Jahre 1950. Damals wurden bei Gewerkschaftskundgebungen Plakate mit der Aufschrift »Erhard und Adenauer an den Galgen« mitgeführt. Man konnte aus solchen maßlosen Parolen radikaler Außenseiter jedoch nicht auf die Stimmung breiter Schichten von Gewerkschaftsmitgliedern schließen. Erhard, der nie nachtragend war, suchte ungeachtet gelegentlicher Entgleisungen in den Reihen seiner Gegner und trotz der bestehenden Meinungsverschiedenheiten immer wieder das offene Gespräch mit der Arbeitnehmerorganisation. Schon im Spätherbst 1948 traf sich Ludwig Erhard im Bankhaus Oppenheim in Köln mit dem DGB-Vorsitzenden Hans Böckler, um sich die Sorgen und Bedenken der Gewerkschaften anzuhören. Der Wirtschaftsdirektor unterrichtete den obersten Repräsentanten der Arbeitnehmerorganisation in einem aufrichtigen und ausführlichen Gespräch über die Wege und Ziele der Frankfurter Wirtschaftspolitik. Böckler zeigte sich beeindruckt und versicherte seinem Gesprächspartner am Schluß der Unterredung: »Herr Professor, ich glaube Ihnen!« Danach konnte es nicht überraschen, daß Ludwig Erhard wenige Wochen nach seiner Ernennung zum Bundesminister für Wirtschaft des ersten Kabinetts Adenauer am 12. Oktober 1949 als Teilnehmer am Gründungskongreß des Deutschen Gewerkschaftsbundes in München erklärte:

»Ich weiß sehr wohl, daß wir in den Mitteln, in den Verfahren nicht immer einer Meinung sind. Aber eines möchte ich hoffen und deutlich herausstellen: Wir sind einig in dem Ziel, dem deutschen Volk und der deutschen Wirtschaft zu dienen. Wenn ich sage, der deutschen Wirtschaft, dann meine ich nicht etwa nur die Industriellen, die Händler, die unternehmerischen Berufsstände, sondern ich meine die wirtschaftenden Menschen in ihrer Gesamtheit. Sie in den Mittelpunkt unserer Arbeit zu stellen, ihrem Wohl, der Wohlfahrt der deutschen arbeitenden Menschen zu dienen, erachten Sie als Ihre Aufgabe, und ich möchte Ihnen versichern, das betrachte ich auch als die meine.«

Einer der frappierendsten Erfolge der Sozialen Marktwirtschaft war die Lösung des Flüchtlingsproblems, die geglückte Eingliederung von rund 13 Millionen Heimatvertriebenen und Flüchtlingen in die deutsche Wirtschafts- und Sozialordnung. Gerade auf diesem Gebiet zeigt es sich, was die persönliche Initiative schaffensfreudiger Menschen sogar in einer ausweglos erscheinenden Situation vermag, wenn man ihnen die nötige Bewegungsfreiheit verschafft. Es gab zwar Übergangshilfen für die Gründung neuer Betriebe und die Beschäftigung mittelloser und aus ihrer früheren Existenz herausgerissener Menschen, aber keine dirigistische Lenkung der Arbeitskräfte und keinen Zwang, bestimmte Berufe zu ergreifen und sich an bestimmten Orten anzusiedeln. Gerhard Ziemer, der nach dem Krieg Mitbegründer und geschäftsführendes Vorstandsmitglied der Lastenausgleichsbank in Bonn-Bad Godesberg war, schildert in seinem Buch »Deutscher Exodus« (Stuttgart 1973), durch welche Antriebskräfte das große Werk der Eingliederung vorangebracht wurde:

»Es war der eigene Fleiß in einer freien Marktwirtschaft, die dem einzelnen die Früchte seines Fleißes beließ und die es insgesamt zuließ, daß die Arbeitsteilung sich als Grundlage der Produktion und des wachsenden Wohlstandes frei entfalten konnte. Es war dies für die Vertriebenen eine überaus harte Methode. Hilf Dir selbst, so hilft Dir Gott. Allerdings war in der Bundesrepublik die äußerste soziale Absicherung dadurch gegeben, daß niemand zu verhungern brauchte, der sich selbst nicht helfen konnte...«

Es gab keinen festen Umsiedlungsplan, durch den unmittelbarer Zwang auf arbeitswillige und zum Aufbau neuer Existenzen entschlossene Menschen ausgeübt wurde. Die aus den starren Fesseln erlöste Wirtschaft erzeugte aus eigener Kraft laufend mehr Nachfrage nach Menschen und Gütern, so daß man sich selbst entscheiden konnte, wann, wo und wie man wieder anfangen wollte. Für diesen Zweck gab es lediglich die unumgänglich notwendigen Start- und Kredithilfen nach dem Motto »Hilfe zur Selbsthilfe«. So wurden Darlehen für den Wohnungsbau gewährt, damit Wohnungen in den Gegenden entstehen konnten, wo sich Betriebe befanden, die Arbeitsplätze für die Stellungssuchenden anzubieten hatten. Ferner gab es Aufbaudarlehen für die Selbständigen in Handwerk, Gewerbe, Industrie und Landwirtschaft. Manche Firma, die damals entstand, erwarb sich hohes Ansehen und gehört auch heute noch zu den leistungsfähigsten Betrieben der Bundesrepublik. Am Ende erwiesen sich die Flüchtlinge, deren große Zahl zunächst wie ein Alpdruck auf der deutschen Wirtschaft zu lasten schien, als Segen für das Ganze. Denn die meisten von ihnen brachten große Fähigkeiten mit und besaßen den zähen Willen, alle Kraft einzusetzen, um wieder menschenwürdig leben und wirken zu können.

Was eine nach sozialen und vernünftigen ökonomischen Grundsätzen entwickelte Marktwirtschaft zu leisten vermag, – das wurde jedenfalls in aller Deutlichkeit durch die Lösung des Flüchtlingsproblems demonstriert. Hier zeigte es sich, daß die Armen in einer freien Leistungsgesellschaft nicht ärmer werden, wie man ihnen eingeflüstert hatte, sondern die Chance erhalten, sich aus kümmerlichen Verhältnissen heraufzuarbeiten und zu Wohlstand zu gelangen.

Frankfurt – Berlin – Bonn
Brennpunkte der deutschen Nachkriegsgeschichte

Die Geldumstellung und die damit verbundene erfolgreiche Wirtschaftsreform als bedeutsames Ergebnis der Frankfurter Wirtschaftspolitik hatten die Blicke der zu einem neuen politischen Bewußtsein erwachenden deutschen Öffentlichkeit auf sich gezogen und auch im Ausland erhebliches Aufsehen erregt. Frankfurt galt vorübergehend als Zentrum der deutschen Politik, und die Stadtväter machten sich Hoffnungen, daß die alte Wirtschaftsmetropole an Stelle Berlins, der geteilten und von Westdeutschland abgeschnittenen Reichshauptstadt, nunmehr die Würde und Bürde der provisorischen deutschen Hauptstadt übernehmen könne. Noch am 18. Mai 1948, rund einen Monat vor dem einschneidenden Ereignis vom 20. Juni, hatte Frankfurt in der neu erbauten Paulskirche das Jahrhundertjubiläum der 48er Revolution begangen und sich als Wiege des demokratischen Deutschlands feiern lassen. Allerdings war es den Stadtvätern später kaum zu Bewußtsein gekommen, daß die Vorgänge in der Börse ihrer Stadt ebenfalls eine Art 48er Revolution darstellten – einen Akt der deutschen Selbstbefreiung, ausgeführt von einer Gruppe entschlossener Männer und später vom größten Teil der Bevölkerung moralisch unterstützt. Bei aller Dramatik des geistigen Ringens, das am 17. und 18. Juni 1948 seinen Höhepunkt erreicht hatte, war natürlich eine rhetorische Saalschlacht nicht mit einem Volksaufstand im Stile von 1848 zu vergleichen, der sich auf den Straßen abspielt und nie ohne Blutvergießen abgeht. Die psychologischen Wirkungen der Umwälzung von 1948 waren jedoch mindestens genauso weittragend, wenn nicht weittragender. Erhard hatte nie einen Zweifel daran gelassen, daß ihn neben dem Willen, die materielle Situation der Deutschen wesentlich zu verbessern, auch die Idee der menschlichen Freiheit zu seinen Schritten inspirierte. Seine bedeutsame Rede, die er am 28. September 1948 vor dem Frankfurter Wirtschaftsrat hielt, klang mit dem Bekenntnis aus:

»Die Wirtschaftspolitik, die wir eingeschlagen haben, hat zwar natürlich auch eine ökonomische Zielsetzung, aber sie hat vor allem eine soziale und eine politische Zielsetzung: die Auflösung des Zwangs, die Freiheit des Volkes und die Förderung des demokratischen Gedankens in Deutschland, ohne den wir nie zu einer wirklichen Form einer Demokratie kommen können, wie sie uns von anderen Völkern vorgelebt wird...«

Ein Jahr nach der Paulskirchenfeier am 10. Mai 1949 zerschlugen sich die Frankfurter Hauptstadt-Ambitionen: Der Parlamentarische Rat bestimmte mit 33 gegen 29 Stimmen Bonn zur provisorischen Bundeshauptstadt. An Stelle der Metropole am Main wurde jetzt die wesentlich kleinere Universitätsstadt am Rhein südlich von Köln zum Entscheidungszentrum. Konrad Adenauer trat als Staatsgründer mehr und mehr in den Vordergrund.

Der Parlamentarische Rat hatte sich am 1. September 1948 in Bonn konstituiert. Die Anregung zur Bildung einer verfassunggebenden Körperschaft war von den Alliierten ausgegangen, die keinen Grund mehr sahen, sich der Gründung eines westdeutschen Staates zu widersetzen, ja die sogar zeitweise »deutscher« als die Deutschen handelten und einen gewissen Druck zu Gunsten der Staatsgründung ausübten. Immerhin konnte die Bonner Körperschaft im Herbst 1948 und im darauffolgenden Jahr 1949 unter günstigen Voraussetzungen über die politische Neuordnung Deutschlands beraten: Die ökonomische Konsolidierung des Landes war im Fortschreiten, die Qual ärgster Armut war von den Deutschen genommen, das politische Interesse der mit einem gewaltigen Ruck aus der bizonesischen Ära nackter Not wieder ins Industriezeitalter beförderten Bevölkerung stieg an. Die ökonomischen und materiellen Fundamente des neuen Staates waren gelegt, als Bundeskanzler Adenauer und sein Kabinett die Arbeit im September 1949 aufnahmen. Was wäre aus diesem Staat geworden, wenn dem politischen Aufbauwerk der solide wirtschaftliche Unterbau gefehlt hätte und sich hungernde und darbende Menschen weiterhin im Kampf ums nackte Dasein gegenseitig übertölpelt und zerfleischt hätten, statt als selbstbewußte, ausreichend versorgte Bürger in den neuen Staat hineinzuwachsen. Auch Konrad Adenauer fand als Präsident des Parlamentarischen Rates Worte der Anerkennung für die in Frankfurt geleistete Arbeit. Bei der Verkündung des Grundgesetzes in Bonn am 23. Mai 1949 erklärte der spätere Bundeskanzler:

»Der Zweizonen-Wirtschaftsrat und die Wirtschaftsverwaltung sind durch ihre Repräsentanten hier vertreten. Auf wirtschaftlichem Gebiet haben der Wirtschaftsrat und die Wirtschaftsverwaltung große und wertvolle Aufbauarbeit geleistet, und in der Bundesrepublik Deutschland wird ihre Arbeit nicht vergessen werden...«

Die Wiederherstellung der Wirtschaftsfreiheit und die sich daraus ergebenden Lebenschancen ließen ganz allmählich ein neues deutsches Selbstbewußtsein entstehen. Parallel mit diesem Vorgang steigerte sich das deutsche Selbstwertgefühl durch den erfolgreichen Widerstand der Berliner gegen die von Moskau geplante wirtschaftliche Abwürgung ihrer Stadt. Während sich das politische Schwergewicht von Frankfurt nach Bonn verlagerte und der neue deutsche Staat Gestalt annahm, kam es in der alten Reichshauptstadt zu einem dramatischen Konflikt zwischen West und Ost, der Berlin in den Brennpunkt des internationalen Interesses rückte. Die Kommunisten nahmen die westdeutsche Währungsreform zum Vorwand, eine Verkehrsblokkade über West-Berlin zu verhängen und damit die Bevölkerung von der Versorgung mit lebenswichtigen Gütern abzuschneiden. Der Protest gegen die Schaffung der D-Mark in einem getrennten Währungsgebiet verband sich mit der Absicht, durch massiven Druck die westlichen Alliierten zum Abzug aus der Stadt und die Bevölkerung zur Unterwerfung unter den kommunistischen Willen zu zwingen. Schon vor der offiziellen Verkündung der Blockade am 24. Juni 1948 war es wiederholt zu schweren Störungen und Behinderungen des Verkehrs zwischen Berlin und den Westzonen gekommen. Am 19. März hatte Marschall Sokolowski, der Vertreter Moskaus im Alliierten Kontrollrat, unter barschen Beschuldigungen gegen die Westmächte den Saal verlassen und damit die Zusammenarbeit beendet. Unzählige Übergriffe, Schikanen und von kommunistischer Seite gesteuerte Tumulte in Berlin selbst, die schließlich zur Verlegung des Stadtparlaments vom sowjetischen in den britischen Sektor führten, ließen deutlich erkennen, daß die Sowjetunion die westlichen Machtpositionen in Berlin aushöhlen und dann den Westen aus der alten Reichshauptstadt vertreiben wollte. General Clay nannte die Blockade »einen der brutalsten Versuche der neueren Geschichte, eine Massenhungersnot als politisches Druckmittel zu benutzen«.

Die politischen und wirtschaftlichen Ereignisse waren in den Jahren 1948 und 1949 stark miteinander verzahnt. Stalins Kalter Krieg gegen den Westen trieb in dem Moment einem Höhepunkt zu, als sich infolge des Marshallplans und der westdeutschen Währungs- und Wirtschaftsreform eine politische, wirtschaftliche und soziale Konsolidierung im westlichen Lager abzeichnete. Der unbändige Lebenswillen, der sich vor allem in Westdeutschland dank des Befreiungswerkes von Ludwig Erhard regte, sollte gebrochen werden. Ein wirtschaftlich erstarktes und zur Staatsbildung reifes Westdeutschland paßte nicht in Stalins Pläne.

Die Westmächte hatten es nicht an gutem Willen und an Bemühungen fehlen lassen, um in der Währungsfrage doch noch eine Kompromißlösung mit Moskau zu erreichen. Geheimverhandlungen darüber dauerten noch bis zum Spätsommer 1948 an, scheiterten aber dann an den unannehmbaren Bedingungen, die von sowjetischer Seite gestellt wurden. Was die sowjetische Seite dem Westen zumuten wollte, ging aus im Sommer 1948 veröffentlichten Enthüllungen der New York Times hervor, worin es u. a. hieß:

»Die Russen wünschten eine Reform, die ihre Reichsmarkanlagen nicht berühren sollte, ebensowenig wie ihre Möglichkeiten freier Geldausgabe in der Zukunft. Sie wünschten, daß das Geld in Berlin ebenso gedruckt werden sollte wie in Leipzig...«

Damit wäre jede Kontrolle über den Geldumlauf in Deutschland unmöglich gewesen, und der sowjetische Partner hätte unbegrenzt Geldmittel ausgeben können. Die kommunistischen Vorstellungen über die Geldreform ließen sich mit den wohldurchdachten Plänen westlicher Währungsfachleute einfach nicht in Einklang bringen. Was sich daraufhin in der Sowjetzone als separate Währungsreform abspielte, stellt ein Lehrstück dar, an dem sich der Unterschied zwischen demokratischen und totalitären Wirtschaftsordnungen veranschaulichen läßt. Eine kurze Betrachtung darüber dürfte sich lohnen:

Beim Notenumtausch im sowjetisch besetzten Teil Deutschlands erhielt der einfache Bürger für zehn alte Reichsmark eine D-Mark Ost; für die Guthaben der Parteien und Gewerkschaften, der öffentlichen Hand sowie der sowjetischen Aktiengesellschaften gab es jedoch eine Sonderregelung: sie wurden im Verhältnis 1 : 1 umgewertet. Durch diese finanziellen Privilegien für die herrschende Schicht und den politischen Machtapparat entstand sofort wieder ein neuer Geldüberhang. Zehn Jahre später wurde eine zweite Währungsreform fällig, weil sich das Mißverhältnis zwischen umlaufender Geldmenge und verfügbarer Gütermenge nicht mehr vertuschen ließ.

Seitdem befindet sich die Wirtschaft im anderen Teil Deutschlands immer noch in einem ständigen Ungleichgewicht, staatlich verordnete Preise und Löhne täuschen zwar zeitweise – ähnlich wie seinerzeit im Wirtschaftssystem des Dritten Reiches – Stabilität vor, aber immer wieder kommt es zu Mangelerscheinungen auf den Gütermärkten. In der Planwirtschaft übt das Geld, wie es der verstorbene Bundesbankpräsident Karl Blessing einmal ausdrückte, »keine Wertmesserfunktion« aus, es ist »mehr oder weniger zum Tausch- und Verrechnungsmittel degradiert«. Ohne freie Preisbildung, wie sie im Westen in den wichtigsten Verbrauchsgüterzweigen herrscht, fehlt jenseits der Elbe trotz gelegentlicher Bemühungen um Auflockerung des starren zentralistischen Systems der Wertmesser, an dem die Wirtschaftspartner sich orientieren können. Es gab und gibt keine Signale, die – wie wir das auf einem freien Markt gewohnt sind – Mangel und Überfluß anzeigen und damit die entsprechenden Reaktionen und Dispositionen bei Anbietern und Nachfragern auslösen. Auch im westlichen System sind die Marktdaten nicht immer ganz zuverlässig, aber in jedem Falle doch wesentlich informativer als die Berechnungen in der schwerfälligen Planwirtschaft, der insbesondere ein wichtiges Fieberthermometer fehlt: ein Preisindex, an dem sich krankhafte Zustände, die wir im Westen als Inflation kennen, einigermaßen rechtzeitig ablesen lassen.

Wer den starken Auftrieb der westdeutschen Wirtschaft nach der Frankfurter Entscheidung mit der schleppenden und mühsamen wirtschaftlichen Erholung der Sowjetzone und späteren DDR nach der Umstellung auf Ostmark verglich, der sah an einem klassischen Beispiel den Unterschied zwischen dem freiheitlichen und dem dirigistischen System. Mitteldeutschland war zwar durch die hohen Anforderungen seiner Besatzungsmacht an die deutsche Leistungskraft stärker benachteiligt als Westdeutschland durch das ihm auferlegte, sich allmählich liberalisierende Besatzungsregime. Dafür aber übernahm die westdeutsche Wirtschaft die ungeheure Aufgabe, viele Millionen Flüchtlinge zu versorgen, ihnen Entschädigungen zu zahlen und sie in den Arbeitsprozeß einzugliedern. Die Bundesrepublik war sogar imstande, zusätzlich zu den Heimatvertriebenen aus den ehemaligen deutschen Ostgebieten bis zur Errichtung der Mauer Jahr um Jahr Hunderttausende von Flüchtlingen aus der DDR unterzubringen und ihnen eine Existenz zu bieten. Die Fluchtbewegung, auch »Abstimmung mit den Füßen« genannt, war ein berechtigter politischer Notwehrakt, aber zugleich auch ein Beweis für die Attraktivität der von Ludwig Erhard geschaffenen freien Wirtschaftsordnung der Bundesrepublik. Die Bundesrepublik spielte eine ähnliche Rolle wie im vorigen Jahrhundert die Vereinigten Staaten von Nordamerika: sie wurde zum Zufluchtsland für Menschen, die sich in ihrer alten Heimat bedrückt, bedrängt, sozial benachteiligt und wirtschaftlich ausgebeutet fühlten und die in einer freieren Luft ein neues Leben beginnen, ungehindert arbeiten und die Früchte ihrer Arbeit genießen wollten.

Hätten die Westdeutschen – ähnlich wie ihre Landsleute östlich der Elbe – nach Einführung des neuen Geldes weiterhin in einer bürokratisch gelähmten und von Rationierungs- und Kontingent-Vorschriften eingeengten Wirtschaftsordnung leben müssen, wäre es ihnen nicht viel besser ergangen als den Bewohnern Mitteldeutschlands. Der westdeutsche Geldschnitt war wohl mit mehr Sachkenntnis und Sorgfalt ausgeführt worden als die entsprechende Notoperation bei den Kommunisten. Wenn der freie Gütermarkt fehlt, der flexibel auf Veränderungen der in Geld ausgedrückten Nachfrage reagiert und infolge seiner Anpassungsfähigkeit die Lücken in der Versorgung schneller zu schließen vermag als bürokratische Planung, ist jede Währungsumstellung ohnehin nur eine halbe Maßnahme.

Die Situation seit der Jahresmitte 1948 war von einem Gleichklang zwischen der freiheitlichen Frankfurter Wirtschaftspolitik Erhards und der erfolgreichen Abwehrpolitik des Generals Clay gegen die kommunistische Bedrohung der heranwachsenden deutschen Demokratie gekennzeichnet. Die Berliner Blockade, die auf weitere Lähmung der westlichen und deutschen Handlungsfähigkeit abzielte, scheiterte an der Wendigkeit und Energie des amerikanischen Generals und an der festen Haltung der Berliner, die sich unter Führung ihres Oberbürgermeisters Ernst Reuter mit ihm verbündeten. Zeitweise sah es allerdings sehr trübe aus. Unter den Amerikanern gab es manche, die zum Rückzug aus der ehemaligen Reichshauptstadt rieten. Aber Clay entschied sich zum Verbleiben und holte sich in einer Telefonkonferenz mit dem Weißen Haus die nötige Rückendeckung des Präsidenten. In diesem dramatischen Moment gestaltete der Vertreter der stärksten Siegermacht des Zweiten Weltkriegs ein wichtiges Stück der deutschen Nachkriegsgeschichte. Er fand dabei die moralische Unterstützung Ernst Reuters, der ihm im Namen der Berliner Bevölkerung versichern konnte, daß die Berliner für ihre Freiheit eintreten würden.

Schließlich machte Clay, in dessen Wesen sich die Vorstellungskraft eines Technokraten mit dem realistischen Weitblick des Strategen verbanden, das Unmögliche möglich: durch eine Luftbrücke sicherte er die ausreichende – wenn auch nicht gerade fürstliche – Versorgung der eingeschlossenen Stadt. Die

Vorgänge um die ehemalige Reichshauptstadt lösten patriotische Gefühle bei den Berlinern aus, die auch auf Westdeutschland ausstrahlten. Reuter bestärkte die westdeutschen Politiker in dem Vorhaben, einen eigenen Staat zu bilden. Den Zauderern in Westdeutschland, denen der Gedanke an einen westdeutschen Separatstaat trotz der Aussichtslosigkeit aller Wiedervereinigungsbemühungen immer noch starken Widerwillen einflößte, rief der Wortführer Berlins zu:

»Ihr müßt euer Haus bestellen. Ihr leistet uns einen denkbar schlechten Dienst, wenn Ihr nicht alles tut, was notwendig ist, um den Westen ökonomisch und politisch zu konsolidieren...«

Das Werk der ökonomischen Konsolidierung war in Frankfurt bereits mit großem Erfolg eingeleitet worden. Nun hatte der Parlamentarische Rat in Bonn die Aufgabe, die politische Konsolidierung voranzutreiben. Dabei erwies sich – wie so oft in der Geschichte – gerade ein schweres Hindernis auf dem Weg zum erstrebten Ziel schließlich als Ansporn zum tatkräftigen Voranschreiten. Die Bedrohung Berlins, die zugleich als Bedrohung der künftigen Bundesrepublik angesehen werden mußte, hatte ein neues deutsches Nationalgefühl entstehen lassen – keinen Hurra-Patriotismus und keinerlei Expansionsgelüste, aber doch den Willen zur geistigen Verteidigung der Demokratie gegen einen neuen – diesmal rot gefärbten – Totalitarismus. Der noch nicht bestehende Staat war jetzt nicht nur wirtschaftlich vorgeformt, sondern auch in seiner Geistesverfassung. Die meisten Deutschen waren sich darüber einig, daß der braunen Gewaltherrschaft keine rote folgen dürfe. So bildete sich schon vor der Veröffentlichung des Grundgesetzes eine demokratische Staatsgesinnung, die keinerlei Paragraphen und juristische Floskeln zu brauchen schien. Alle Parteien – mit Ausnahme der Kommunisten und einiger Überbleibsel des Rechtsradikalismus – stimmten in der entschiedenen Ablehnung jedes totalitären Machtanspruchs überein und zogen einen deutlichen Trennungsstrich sowohl gegen die 1945 untergegangene Gewaltherrschaft als auch gegen den im Osten neu entstehenden totalitären Staat. Freiheit war bei allen dominierenden weltanschaulichen Richtungen die erste und wichtigste Parole.

Die Russen beendeten ihre erfolglose Blockade am 12. Mai 1949, und im gleichen Monat konnte auch das Grundgesetz der Bundesrepublik verabschiedet werden. Das Haus war bestellt, so wie es Reuter als Sprecher der Berliner gefordert hatte. Für die festen Stützen des Gebäudes, das man als Provisorium ansah und in dessen Zukunft man vorerst keine großen Erwartungen setzte, hatte Ludwig Erhard in Frankfurt gesorgt. Der Bau erwies sich bald als solider als die Skeptiker angenommen hatten.

Nach dem glücklichen Abschluß des schweren Konflikts um Berlin und der Abwicklung der Geschäfte des Wirtschaftsrates in Frankfurt wurde Bonn zum Mittelpunkt der deutschen Politik. Konrad Adenauer gewann am 14. August 1949 die ersten Nachkriegswahlen in der Bundesrepublik und bildete eine Regierung, in der Bundeswirtschaftsminister Erhard nach dem Kanzler die stärkste Figur war. Konrad Adenauer, der führende CDU-Politiker, hatte nur einen knappen Vorsprung vor der SPD erreicht, die im ersten Bundestag über 131 Sitze verfügte – 8 weniger als die CDU-CSU. Später gewann Adenauer in dem 402 Abgeordnete umfassenden Parlament die Unterstützung der FDP, der Deutschen Partei und anderer bürgerlicher Gruppen, womit seine Mehrheit gesichert war.

Die meisten politischen Beobachter hatten den Eindruck, daß der Wahlsieg über die älteste deutsche Partei, die sich Hoffnungen auf die Kanzlerschaft gemacht hatte, eher der »Wahllokomotive« Ludwig Erhard zu danken war als dem »Alten von Rhöndorf«, von dem die deutsche Öffentlichkeit damals noch kein klares Bild hatte. Erhards Leistungen und Erhards Erscheinungsbild hatten sich dagegen den Deutschen in dem Jahr nach der Währungs- und Wirtschaftsreform schon stark eingeprägt und auch manchen der SPD zuneigenden Wähler schwankend gemacht. Bereits 1949 hatten Meinungsforscher erkundet, daß auf die Frage, wer leitende Stellungen in der künftigen Regierung bekleiden könne, die meisten politisch interessierten Menschen Ludwig Erhard und Kurt Schumacher nannten. Konrad Adenauer kam damals auf den dritten Platz.

Die Bundestagswahl von 1949 war also in erster Linie eine Erhard-Wahl. Die Deutschen hatten jetzt ein Jahr lang eine deutliche Verbesserung ihrer wirtschaftlichen Verhältnisse gespürt, fast jeder konnte sich nun ausreichend ernähren und mancherlei Genußmittel kaufen, die jahrelang nur auf Schleichwegen oder überhaupt nicht zu erhalten waren. Viele konnten sich auch besser kleiden und besser und bequemer wohnen als in den drei Notjahren nach dem Krieg. Das schlug natürlich zu Buch, als es um die Abgabe der Wählerstimme ging.

Die wahlentscheidende Bedeutung der Frankfurter Wirtschaftspolitik wird von wichtigen Zeugen der Zeitgeschichte bestätigt. »Dieser Wahlkampf 1949 war die Schlacht um unsere künftige Wirtschaftspolitik, und der Sieger dieser Schlacht hieß Ludwig Erhard«, schrieb Franz Josef Strauß Jahre später in der Deutschen Zeitung und Wirtschaftszeitung anläßlich der Übernahme des Bundeskanzleramtes durch Ludwig Erhard am 16. Oktober 1963. Strauß war seinerzeit einer der jüngsten Abgeordneten des Frankfurter Wirtschaftsrates und gehört zu den wenigen noch lebenden Poltikern, die über die Geburtsstunde der Sozialen Marktwirtschaft und die ihr folgenden Ereignisse aus eigener Anschauung berichten können. Über die Wahlen zum ersten Bundestag schrieb der bayerische Politiker:

»Damals, im Spätsommer 1949, hieß bei uns die Parole: ›Die Wirtschaft ist unser Schicksal‹. Und die Entscheidung der Wahl ›Marktwirtschaft oder Planwirtschaft‹... Damals war Konrad Adenauer in weiten Teilen der Bundesrepublik noch unbekannt, während auf der anderen Seite die SPD in Kurt Schumacher über eine Persönlichkeit von großer Ausstrahlungskraft auf die Massen verfügte. Gewiß, der Wahlkampf 1949 stand auch im Zeichen ›christlich‹ oder ›marxistisch‹, ›bürgerlich‹ oder ›sozialistisch‹. Aber das, was die Menschen in den Kundgebungen und Versammlungen am meisten bewegte, war die Sorge um das tägliche Brot, der brennende Wunsch, nach bitteren Jahren der Entbehrungen und der Knappheit endlich wieder ein menschenwürdiges Dasein führen zu können. Der Plan, die Rationierung, der Bezugsschein, die Marken – sie alle waren zunächst unvermeidliche Wegweiser in eine wirtschaftliche Sackgasse gewesen, aus der Erhard einen Ausweg wies. Noch hatte das Kind des Bundeswirtschaftsministers, die Soziale Marktwirtschaft, nur die ersten Gehversuche hinter sich. Aber sie hatten den Beweis erbracht, daß man auf Beinen eigener Initiative besser vorankam als auf den Krücken immer neuer planwirtschaftlicher Eingriffe in den Wirtschaftsablauf...«

Franz Josef Strauß sah in dem Kreuz für die Union auf dem Stimmzettel »zuerst und vor allem den Auftrag für Ludwig Erhard, den Weg fortzusetzen, den er mit der Propagierung der Sozialen Marktwirtschaft eröffnet hatte«. Ohne dieses Vertrauen zu Erhard hätte – so meinte Strauß – »der erste Kanzler der Bundesrepublik Deutschland wohl nicht Adenauer, sondern Schumacher geheißen«.

Es waren aber nicht nur rein materielle Erwägungen, welche die Wählergunst bestimmten. Es schwangen auch seelische Stimmungen mit. Der gemütlich wirkende, aber gleichwohl mit scharfer Intelligenz und politischer Überzeugungskraft begabte Wirtschaftsprofessor, der mit Behagen seine Zigarre paffte, den Grundsatz »leben und leben lassen« verkörperte, aber niemals zur Verschwendung und Großmannssucht neigte, war ein Mann nach dem Herzen der Deutschen der Nachkriegszeit. Selten hatte ein führender Politiker bei seinen Landsleuten soviel Vertrauen erweckt wie Ludwig Erhard. Selbst sozialdemokratische Arbeiter fanden ihn sympathisch, auf entschiedene Ablehnung stieß er eigentlich nur bei Doktrinären und bei linken Intellektuellen, die den von ihm begründeten Massenwohlstand angeblich verachteten, aber gleichwohl in der spendablen Leistungsgesellschaft der Erhard-Jahre zu Ruhm und oft zu Reichtum gelangten.

Es gibt keine Rede Erhards, in der er nicht unbedingt ehrlich und aufrichtig wirkte – auch wenn er, wie jeder Politiker in dieser komplizierten Welt, zuweilen dem einen oder anderen Irrtum unterlag. Erhard bemühte sich nicht, dem Volke zum Munde zu reden. Sein erstes Anliegen war die Wahrheit. Und wenn es um Wahrheiten ging, scheute er sich auch nicht vor unpopulär klingenden Eröffnungen und Forderungen, so in den späteren Jahren seiner Amtszeit mit der Ermahnung zum Maßhalten. Auch hielt er es für seine Pflicht, die Deutschen zur Erhöhung der Arbeitszeit um ein bis zwei Stunden wöchentlich aufzufordern, um den Zustrom von Gastarbeitern einzudämmen. Zu dieser Zeit hatten aber eigensüchtige Funktionäre und Ideologen Teile der Arbeiterschaft schon so weit irritiert, daß sein Appell verpuffte.

Erhard war kein Opportunist, der seinen Zuhörern besondere Konzessionen machte. Er warb zwar um Verständnis für seine Ideen, biederte sich aber nicht an und buhlte nicht um persönliche Gunstbezeigungen. Auch im Stil seiner Reden paßte er sich nicht den primitivsten Zeitgenossen unter seinem Zuhörerpublikum an. Bei aller Überzeugungskraft seiner Rhetorik verzichtete er nicht auf Satzperioden, die manchen barock erschienen, aber bei genauerer Prüfung in sich schlüssig waren. Das Volk verstand ihn in den wesentlichen Aussagen, selbst wenn er gelegentlich Höhenflüge in die Gesellschaftsphilosophie unternahm und Wendungen aus dem Fachjargon des Wirtschaftswissenschaftlers verwendete. Zwischendurch konnte er sich auch volkstümlich und gelegentlich derb ausdrücken, seine Gegner mit Sarkasmus überschütten und auf gut fränkische Art grob werden, wenn sich der geistige Hochmut der Besserwisser mit krasser wirtschaftspolitischer Unwissenheit paarte. Schwerwiegende persönliche Kränkungen fügte er aber seinen Gegnern nie zu. Erhard war zwar unbeirrt in den einmal als richtig erkannten Überzeugungen, immer zum Redegefecht bereit, aber niemals unversöhnlich.

In den Anfangsjahren der Bundesrepublik bildeten Adenauer, der Baumeister der deutschen Staatlichkeit, und Erhard, der »Meisterarchitekt« des deutschen Wirtschaftsaufbaus, wie ihn Clay nannte, ein treffliches Gespann. Die beiden Männer ergänzten sich in ihren Aufgaben. Adenauer konnte sich mit freiem Kopf der Außenpolitik, seinem Lieblingsmetier widmen, als der Wirtschaftspolitiker Erhard den wichtigsten Teil der Innenpolitik, die Festigung der deutschen Wirtschaftsordnung, vorantrieb. Abgesehen von der menschlichen Kühle, die zwischen den beiden Politikern herrschte, gab es jedoch bald auch innenpolitische Meinungsverschiedenheiten zwischen ihnen. Adenauer, der geniale politische Stratege und Taktiker, besaß nicht viel Gespür für wirtschaftliche Entwicklungen und Notwendigkeiten. Für ihn war Politik immer das Primäre. In die tieferen Zusammenhänge zwischen Wirtschaft und Politik drang er nie ein. Wirtschaftspolitische Referate seines Fachministers langweilten ihn. Oft war er auch ohne weiteres bereit, wirtschaftliche Bedenken zu ignorieren, wenn er ein politisches Ziel erreichen wollte.

Auch in der Behandlung der Industrie suchte Adenauer oft andere Weg zu gehen als sein Wirtschaftsminister. Der Kanzler hatte kein Interesse daran, die großen Industriellen durch die Forderung nach einem strengen Gesetz zur Bekämpfung von Monopolen und Kartellen zu verärgern. Erhard, der noch aus der Kriegszeit Freunde in der Industrie hatte, schreckte gleichwohl nicht davor zurück, auch dieses heiße Eisen anzufassen, wenn es um die Sicherung des freien Wettbewerbs ging. Alfred Müller-Armack, Freund und geistiger Weggefährte des Wirtschaftsministers mit großen eigenen Verdiensten um die wissenschaftliche Grundlegung der neuen Wirtschaftsordnung, schrieb später über die Beratungen des Kartellgesetzes, daß Erhard, »getreu seiner Überzeugung von der Notwendigkeit, die Stellung des Konsumenten und die freie Preisbildung in der Marktwirtschaft zu sichern, die Konzeption des grundsätzlichen Verbots und der Mißbrauchsaufsicht über marktbeherrschende Unternehmen verwirklichte«. Zu Konzessionen im einzelnen sei der Wirtschaftsminister dank seines wohlwollenden Naturells zwar immer bereit gewesen; nie habe er jedoch seine grundsätzliche Position preisgegeben.

Bei solchen Auseinandersetzungen mußte Erhard oft an mehreren Fronten kämpfen. Beim Kanzler fand er wenig Unterstützung. Wie von glaubwürdiger Seite erzählt wird, fragte Adenauer seinen Minister 1954 während des Streites um das Kartellverbot in einem kleinen Kreise: »Warum lassen Sie denn dem Berg (dem Präsidenten des Bundesverbandes der Deutschen Industrie) nicht das bißchen Vergnügen und gönnen ihm die Kartelle, an denen sein Herz so hängt?« Als Erhard zu einer längeren

Erklärung ausholen wollte, schnitt ihm der Kanzler das Wort ab und meinte: »Ach, Sie mit Ihren ewigen Theorien; davon verstehe ich nichts«. Der Wirtschaftsminister aber antwortete: »Ja, das ist eben gerade so schade, daß Sie davon nichts verstehen, sonst wäre es leichter, mit Ihnen zu diskutieren...«

Auch das Volk konnte natürlich in diesen komplizierten Fachfragen nicht mitreden. Der größte Teil der deutschen Bevölkerung brachte jedoch Erhard stets großes Vertrauen entgegen, wie sich in allen späteren Wahlresultaten zeigte. Wer den wirtschaftlichen Wiederaufstieg nach der Währungs- und Wirtschaftsreform miterlebt hatte und am eigenen Leib die wohltätigen Folgen der Frankfurter Entscheidung spürte, der vergaß ihm dies nicht so leicht. Im ganzen gesehen, entwickelte sich die wirtschaftliche und soziale Lage auch in den fünfziger und frühen sechziger Jahren so günstig, daß man nicht unzufrieden sein konnte. Offensichtlich befand sich die Wirtschaftspolitik in guten Händen, obwohl Erhard nicht alles durchsetzen konnte, was er für erstrebenswert hielt.

Ludwig Erhard erlebte die Genugtuung, daß auch die älteste deutsche Partei, mit der er länger als ein Jahrzehnt um die Wirtschaftsordnung gestritten hatte, schließlich ein Bekenntnis zur Marktwirtschaft ablegte. In ihrem Godesberger Programm von 1959 bezeichnete die SPD, mehr als zehn Jahre nach Erhards epochemachender Entscheidung in Frankfurt, freie Konsumwahl, freie Arbeitsplatzwahl, freien Wettbewerb und freie Unternehmerinitiative als »wichtige Elemente sozialdemokratischer Wirtschaftspolitik«. Sozialdemokratische Wirtschaftspolitiker wie Heinrich Deist und Karl Schiller näherten sich immer mehr der marktwirtschaftlichen Konzeption, ihre Vorstellungen unterschieden sich zwar noch in Einzelheiten, aber nicht mehr im Grundsätzlichen von Erhards hartnäckig verfochtenen und praktisch erprobten Ideen.

Die größten Erfolge in seiner späteren Amtszeit als Wirtschaftsminister konnte Ludwig Erhard auf dem Gebiete des Außenhandels verzeichnen. Er drängte ständig auf die Beseitigung der Handelsschranken und insbesondere der den internationalen Wirtschaftsverkehr hemmenden Devisenzwangswirtschaft. Deutschland ging dabei mit gutem Beispiel voran, und die zähe Geduld, mit der Erhard das Ziel der vollen Liberalisierung ansteuerte, blieb in der Welt nicht ohne Erfolg. Das Mittel der »Seelenmassage«, das Ludwig Erhard mit dem Instinkt des geborenen Psychologen immer wieder im Inland anwandte, wirkte auch bei den ausländischen Zuhörern seiner Appelle. Immer mehr Länder gingen zur freien Konvertierbarkeit ihrer Währungen über. Das missionarische Sendungsbewußtsein, das dem Wirtschaftsminister und späteren Kanzler zugeschrieben wird, machte ihn jedoch nie zum Eiferer. Die menschliche Toleranz Erhards schloß jeden Dogmatismus aus.

Unter Erhards vielen Bekenntnissen zur internationalen Zusammenarbeit und zum Wettbewerbsgedanken gibt es eine bemerkenswerte Rede, die er am 15. Januar 1962 vor der Handelshochschule in St. Gallen hielt, und in der er sagte: »Wir kommen nur weiter, wenn wir unsere Kräfte aneinander messen und wenn wir uns gegenseitig stählen, in dieser unserer Welt zu bestehen...« Aus solchen Erklärungen sprach noch der gleiche Geist, der ihn bei der Frankfurter Entscheidung, beim Durchbruch zur Freiheit im Juni 1948 beseelte. Welche Überzeugungskraft von den Ereignissen in Deutschland ausging, das beschrieb der bedeutende schwedische Bankier und Finanzmann Jacob Wallenberg in einem Aufsatz, worin es unter anderem heißt:

»Die Vorkämpfer der Marktwirtschaft waren in den vierziger Jahren nicht besonders stark und bei den herrschenden Politikern nicht beliebt. Das Beispiel des deutschen Experiments im Anfangsstadium der Währungsreform im Sommer und Frühherbst 1948 gab ihnen jedoch Inspiration und Rückhalt. Die augenscheinlichen Resultate machten zumindest allmählich Eindruck und trugen dazu bei, daß die Liberalisierungskräfte in vielen Ländern Auftrieb bekamen... Es erscheint höchst unwahrscheinlich, daß ohne die für die Jahre nach der Währungsreform charakteristische Vereinigung der freien Kräfte des Markts und der Privatwirtschaft einerseits und einer wohlabgewogenen Geld- und Finanzpolitik andererseits der auffallend starke Aufschwung erreicht worden wäre ...«

War also Deutschland, das die Welt zwischen 1933 und 1945 in Abscheu und Schrecken versetzt hatte, 1948 und in den folgenden Jahren zu einer Art Vorbild auf gesellschafts- und wirtschaftspolitischem Gebiet geworden? Mancher sah es so. Ludwig Erhard und ein paar Dutzend westlicher Wirtschaftswissenschaftler, die ähnliche Überzeugungen hegten und denen die Kriegswirtschaft nicht den Blick und die Urteilskraft getrübt hatte, konnten das Verdienst für sich in Anspruch nehmen, die Konzeption einer modernisierten Marktwirtschaft mit straffer Geldordnung und klaren Regeln für den freien Wettbewerb nach dem Krieg als erste in die politische und fachwissenschaftliche Diskussion gebracht zu haben. Die Sympathiekundgebungen, auf die Erhards Reformwerk in der Welt stieß, gingen vor allem von bedeutenden und international anerkannten Sachkennern aus. Der Name Erhard verband sich mit dem Gedanken an den einmaligen wirtschaftlichen Wiederaufstieg der Deutschen und wurde zu einem Symbol für die wirtschaftliche Tüchtigkeit Deutschlands. Die historische Leistung Ludwig Erhards strahlte, wie die »Neue Zürcher Zeitung« nach seinem Ableben feststellte, »weit über die Grenzen der Bundesrepublik hinaus«. Selbst im fernen Südamerika, wo einsichtige Wirtschaftsexperten seit langem gegen den Widerstand mächtiger gesellschaftlicher Gruppen wie auch nationalistischer und marxistischer Diktatoren und Demagogen um eine bessere und freiere Wirtschafts- und Gesellschaftsordnung ringen, wurden ihm immer wieder zahlreiche Ehrungen zuteil. Er bleibt dort wie auch in anderen Teilen der Welt unvergessen. Bei einer Akademischen Gedenkfeier in der Handelshochschule von Valparaiso einige Monate nach dem Tode Ludwig Erhards drückte Senator a. D. Pedro Ibáñez eine allgemeine Ansicht berufener ausländischer Beobachter aus, als er meinte, Erhards Leistungen seien nicht nur für die Entwicklung Deutschlands entscheidend gewesen, sondern hätten auch das Geschick der westlichen Welt maßgebend beeinflußt und beeinflußten es weiterhin.

In den siebziger Jahren ist manches negative Urteil über Erhard und sein Werk veröffentlicht worden. So hat man ihm vorgeworfen, einen öden Materialismus und eine Konsumbesessenheit im deutschen Volk hochgezüchtet zu haben. Auch wurde behauptet, daß er durch den Appell an den menschlichen Egoismus den Gemeinsinn untergraben habe. In solchen Kritiken wird gerne übersehen, daß sich Erhard niemals gegen eine vernünftige staatliche Ordnung und die notwendige Rücksicht auf die gemeinschaftlichen Interessen eines Volkes wandte, jedoch seinerzeit mit Recht den Zwangsstaat ablehnte, der zwar politisch 1945 zusammengebrochen war, aber dessen starke Überreste auf wirtschaftlichem Gebiet die Freiheit der Bürger auf Schritt und Tritt einengten. Die Kritiker der Erhardschen Wirtschaftspolitik vergessen auch häufig in ihrem Ärger über die vermeintliche oder tatsächliche Konsumwut der Deutschen, daß 1948 und in den darauffolgenden Jahren die Ankurbelung des Massenkonsums und die Deckung der dringendsten menschlichen Bedürfnisse die vernünftigste und humanste Methode darstellten, um Arbeits- und Unternehmungslust zu beleben und die notwendigen menschlichen und materiellen Energien zum Aufbau einer gesunden neuen Wirtschaftsordnung zu entfesseln. Die Entartung des gerechtfertigten Strebens nach höherem Lebensstandard zur maßlosen Besitzgier und zur hemmungslosen Genußsucht war das Ergebnis einer Inflationsmentalität und eines Anspruchsdenkens, denen der Wirtschaftsminister und spätere Bundeskanzler immer wieder mit Erfolg entgegentrat und deren Ausufern er verhinderte. In seiner Ära gehörte die Bekämpfung der Inflation, die es mächtigen Interessengruppen möglich macht, sich auf Kosten anderer zu bereichern, zu den wichtigsten Aufgaben des Staates. Er fand in seinem Kampf gegen inflationistische Maßlosigkeit die Unterstützung des langjährigen Bundesbankpräsidenten Karl Blessing, der – von gelegentlichen Meinungsverschiedenheiten abgesehen – in den marktwirtschaftlichen Grundüberzeugungen mit Erhard übereinstimmte und die Stabilität der D-Mark als Hauptziel seiner Geldpolitik sehr ernst nahm. Erst nach Erhards erzwungenem Rückzug aus der Verantwortung brachen bald die gegen die Geldentwertung aufgerichteten Dämme. Gegen Ende der sechziger Jahre bis gegen Mitte der siebziger Jahre überstiegen die Ansprüche der Interessengruppen, angereizt durch pompöse öffentliche Versprechungen und angestachelt durch öffentliche Verschwendung, wesentlich die volkswirtschaftliche Kapazität, trieben die Inflationsraten hoch und erzeugten auf einzelnen Märkten, so insbesondere im Bau- und Immobiliengewerbe, eine Übernachfrage und eine an Größenwahn grenzende Sucht nach immer aufwendigeren, leichtfertig kalkulierten Vorhaben, denen dann Zusammenbrüche und die chronische Arbeitslosigkeit folgen mußten.

Es widersprach dem inneren Wesen Erhards, das Heil allein im materiellen Wachstum zu suchen und einem sinnlosen Taumel des Konsumierens und Genießens das Wort zu reden. Bewußt sah er seine Aufgabe nicht nur in der »Wirtschaftspolitik«, sondern auch in der »Gesellschaftspolitik«, also in der Kultivierung des sozialen und menschlichen Zusammenlebens. Er kannte die Schwächen der menschlichen Natur, mit denen jedes politische und ökonomische Ordnungssystem rechnen muß, und die sich im totalen Staat noch ärger auswirken als in der Demokratie. Während seines langen öffentlichen Wirkens verlor er nie die Gefahr aus den Augen, daß »Freibeutertum« und »Verantwortungslosigkeit« an die Stelle »verpflichtender Hingabe an das Ganze« treten könnten, wie er es nannte. In unzähligen Reden und öffentlichen Appellen erinnerte er daran, daß es im menschlichen Dasein selbstverständlich höhere Werte gibt als materieller Besitz, so notwendig er auch sein mag. Schon in seiner Programmrede vor der 14. Vollversammlung des Wirtschaftsrates am 21. April 1948, also zwei Monate vor der Währungs- und Wirtschaftsreform, sagte er:

»So wie der einzelne Mensch des physischen Lebens bedarf, um jene geistigen und seelischen Kräfte entfalten zu können, die ihn erst zum Menschen werden lassen, so bedürfen auch ein Volk und eine Volkswirtschaft der materiellen Sicherung, aber sie bedürfen dieser auch nur als der Grundlage zur Erreichung außerökonomischer, höherer Ziele, deren Setzung der Staatspolitik obliegt. Ihr Vorrang ist unbestritten...«

Wenige Monate nach der geglückten Währungs- und Wirtschaftsreform, am 28. August 1948, äußerte er mit Nachdruck die gleichen Gedanken und erläuterte auf dem CDU-Parteikongreß in Recklinghausen seine später immer wieder vertretene Auffassung über das Verhältnis der sittlichen zu den wirtschaftlichen Werten:

»Mein Referat soll nicht den Eindruck erwecken, als ob ich aus dem Sektor der Wirtschaft heraus das Allheilmittel für alle unsere politischen und sozialen Nöte finden möchte. Ich bin weit davon entfernt. Lassen Sie mich einen Vergleich anführen: So wie der einzelne Mensch seines physischen Lebens bedarf, um überhaupt im göttlichen Sinne Mensch zu sein, um seinen Geist und seine Seele entfalten zu können, so ist es auch im Leben eines Volkes. Die Wirtschaft ist, wenn Sie so wollen, vielleicht das Primitivste, aber sie ist das Unentbehrliche; und erst auf dem Boden einer gesunden Wirtschaft kann auch die Gesellschaft ihre eigentlichen und letzten Ziele erfüllen. Diese Grundlage muß also gesund sein, wenn nicht schon von dort aus die Verzerrung und die Zerreißung eines Volkes stattfinden soll. Der Wirtschaft die geistige, die seelische und materielle Ausrichtung zu geben, das ist zuletzt Sache der Politik, Sache der Gesellschaft. Politik ist so gesehen der Ausdruck des Willens der Gesamtheit des Volkes...«

Ludwig Erhard war 1948 nicht mit der Attitüde des Wundermannes und Retters aus allen menschlichen Bedrängnissen aufgetreten. Das Wort vom »Wirtschaftswunder« hat er immer abgelehnt. Er versprach damals kein Schlaraffenland für Nichtstuer, sondern besseres Leben durch harte Arbeit. Von Geschichtshelden und angeblichen Erlösern hatte das deutsche Volk die Nase voll. Aber auf dem Höhepunkt der grausamsten materiellen Not wurde ein Mann gebraucht, der genau wußte, was jetzt zu tun war, und auch den Mut besaß, es ungeachtet aller Widerstände zu tun. Dem persönlich bescheidenen, jeder anmaßenden Geste abholden Professor aus Fürth fiel diese historische Aufgabe zu, weil er das Sachwissen, die menschliche Lauterkeit und die politische Überzeugungskraft besaß, sie zu erfüllen. In ruhigeren Zeiten wäre Erhard vermutlich Wissenschaftler geblieben und hätte mit der ihm eigenen sachlichen Leidenschaft auf seinem Fachgebiet geforscht und gelehrt und gewiß die Nationalökonomie um wertvolle Gedanken bereichert. In der politischen Verantwortung konnte er aber sogar praktisch erproben, was er theoretisch erarbeitet hatte und so das wirtschafts- und gesellschaftspolitische Erfahrungsgut der Industrienationen wesentlich vergrößern. Er wuchs, ohne jemals der Hybris sendungsbewußter Politiker zu verfallen, in eine welthistorische Rolle hinein, wurde zum Gestalter einer neuen an Leistungen und sozialen Verpflichtungen orientierten Gesellschaft, aus der Adenauer seinen Staat formte, und diente durch die Entscheidung in Frankfurt, die weltweites Aufsehen erregte, dem internationalen Fortschritt. Neben Adenauer gehört Ludwig Erhard in die Reihe der Staatsmänner, die dem Deutschland der Nachkriegszeit hohes Ansehen verschafften. Erhards ökonomische Aufbauarbeit bedurfte der Ergänzung und Vollendung durch Adenauers konsequentes Wirken als politischer Interessenvertreter der deutschen Nation. Konrad Adenauers politisches Werk, die Gestaltung eines souveränen, in die westliche Gemeinschaft eingebetteten Staates, ist andererseits ohne die vorausgegangene zielbewußte Tätigkeit Ludwig Erhards als Baumeister einer neuen deutschen Wirtschaftsordnung nicht denkbar. Erhards Lebensleistung hinterließ tiefe Spuren in der deutschen Geschichte, und seine Wirtschaftspolitik blieb – zum Glück – auch für seine Nachfolger auf dem Stuhl des Wirtschaftsministers Richtschnur ihres Handelns.

Das geistige Erbe des am 5. Mai 1977 verstorbenen Staatsmannes ist noch längst nicht voll ausgewertet. Er sprach und schrieb nie in Rätseln, seine Gedanken waren – wie fast alle großen Ideen – für den, der sich die Mühe des Zuhörens und Mitdenkens nahm, im Kern einfach und einleuchtend. Aber tragfähige, theoretisch richtige und praktisch erprobte Ideen erleiden immer wieder das Schicksal, von den in ihren Vorurteilen befangenen und von Emotionen aufgewühlten Menschen und Nationen vergessen oder ignoriert zu werden. Muß man nicht stets aufs neue an die guten Erfahrungen erinnern, die das deutsche Volk mit Erhards Gedankengut machte? Die Wirtschaft war für ihn der gegebene Ausgangspunkt, nach Jahren der Tyrannei die Idee der persönlichen Freiheit zu verwirklichen. So lange es eine zivilisierte Menschheit gibt, wird dies die fruchtbarste aller menschlichen Ideen bleiben. Ähnlich wie in der Wirtschaft muß aber die Freiheit in Staat und Gesellschaft nach den Vorstellungen Ludwig Erhards und seiner politischen Mitstreiter an eine Grundordnung gebunden sein und bestimmten Regeln unterliegen. Sonst droht ein Zustand, den wir heute die »Unregierbarkeit« der Staaten nennen, ein Kampf aller gegen alle, der schließlich die politisch skrupellosesten Elemente an die Macht und alle anderen unter ihre Fuchtel bringt.

Erhard hat niemals Interessenkonflikte und die in jeder Gesellschaft unvermeidlichen Spannungen leugnen oder übertünchen wollen. Er war viel zu sehr Menschenkenner, um nicht zu wissen, daß, so lange die Welt besteht, widerstreitende Interessen aufeinanderstoßen werden. Seine Vision von der »Formierten Gesellschaft« – viel diskutiert und wenig verstanden – war eine Übertragung des Modells der marktwirtschaftlichen Ordnung in den politischen und sozialen Raum: Natürlich sollte es auch hier einen lebhaften Wettstreit geben, eine ständige Auseinandersetzung der Gruppen um ihre jeweiligen Interessen, um Forderungen und Gegengebote, ein Ringen um die Gestaltung des Zusammenlebens. Aber der Streit sollte da eine Grenze haben, wo das Wohl der Gesamtheit auf dem Spiel stand, die streitenden Parteien sollten sich an den Grundsätzen menschlicher Freiheit und Gerechtigkeit orientieren und bei aller Entschiedenheit der verschiedenen Standpunkte das sachlich Notwendige, das für die Gemeinschaft Nützliche nicht aus den Augen verlieren. Ziel aller Konflikte sollte schließlich ein Ausgleich der Interessen in der von Machtdiktaten freien Ordnung sein. Nach Meinung Rüdiger Altmanns, eines der besten Kenner der Erhardschen Gedankenwelt, könnte Karl Schillers »Konzertierte Aktion«, die Deutschlands Sozialpartner zu einem periodisch wiederkehrenden Gedanken- und Erfahrungsaustausch vereinen soll, vielleicht das sein, »was Erhard vor sich sah – ein Weg zu einem höheren Niveau unserer inneren Politik«.

Die Deutschen haben erlebt, wie aus der 1948 entstandenen Wirtschaftsgesellschaft ein blühender Staat erwuchs – eine Ordnung in Freiheit, die jedem Bürger zugute kam und ihm die Entfaltung seiner persönlichen Fähigkeiten und wirtschaftliche Aufstiegschancen sicherte, und die in der um neue Lebensformen ringenden Welt stark beachtet wurde. Die »Entscheidung in Frankfurt« markiert einen wichtigen Wendepunkt in der Geschichte des zwanzigsten Jahrhunderts. Dürfen wir daraus trotz aller gegenwärtigen Schwierigkeiten neue Hoffnungen für die politische, wirtschaftliche und soziale Zukunft schöpfen? Von Erhard, der seiner Zeit weit voraus war, können wir und unsere Nachfahren noch lange lernen. Nie zuvor gab es einen Wirtschaftspolitiker, der die Phantasie seiner Mitbürger so stark fesselte und ihnen in Worten und Werken so deutlich zeigte, wie sich das Zusammenleben in der menschlichen Gesellschaft trotz ihrer naturbedingten Unvollkommenheit mit humanen Mitteln zweckmäßig und vernünftig organisieren läßt.

Ludwig-Erhard-Stiftung e. V., Bonn

Im Geist Ludwig Erhards tritt die von ihm persönlich ins Leben gerufene Stiftung für die Weiterarbeit an einer freiheitlichen Wirtschafts- und Gesellschaftsordnung zum Wohl aller Bürger, für Freiheit und Verantwortung in Staat, Gesellschaft und Wirtschaft ein.
Sie soll nach den Worten Ludwig Erhards in einer Zeit, in der Opportunismus und Konformismus sich immer weiter ausbreiten, „die Werte verantwortlicher Gesinnung und menschlicher Gesittung stärken und neu beleben“.
Die Ludwig-Erhard-Stiftung will diesen Auftrag durch staatsbürgerliche Erziehung und Bildung, durch wissenschaftliche Forschungsarbeiten und Veröffentlichungen, die der Fortentwicklung und Stärkung der Sozialen Marktwirtschaft dienen, auf einer breiten Basis wahrnehmen.
Sie ist von Parteien und Verbänden unabhängig.
Die Stiftung baut ein wissenschaftliches Archiv über Ludwig Erhard, sein Leben und Wirken auf.
Sie vergibt Preise für Wirtschaftspublizistik und für Verdienste um die Soziale Marktwirtschaft.
Zur Mitarbeit im Freundeskreis der Ludwig-Erhard-Stiftung sind alle diejenigen eingeladen, die Ideen und Werk Ludwig Erhards lebendig halten und die Arbeit der Ludwig-Erhard-Stiftung fördern möchten.

Literaturverzeichnis

Behr, Hermann: Vom Chaos zum Staat. Männer, die für uns begannen 1945–1949. Frankfurt/M. 1961

Eick, Jürgen: Das Regime der Ohnmächtigen. Frankfurt/M. 1976

Eick, Jürgen: Wie man eine Volkswirtschaft ruinieren kann. Die wirtschaftspolitischen Irrtümer unserer Tage. Frankfurt/M. 1974

Engels, Wolfram: Mehr Markt. Soziale Marktwirtschaft als politische Ökonomie. Stuttgart, 1976

Erhard, Ludwig: Deutsche Wirtschaftspolitik. Der Weg der Sozialen Marktwirtschaft. Düsseldorf – Wien – Frankfurt/M. 1962

Erhard, Ludwig: Kriegsfinanzierung und Schuldenkonsolidierung. Faksimiledruck der Denkschrift von 1943/44. Mit Vorbemerkungen von Ludwig Erhard, Theodor Eschenburg und Günter Schmölders. Frankfurt/Main – Berlin – Wien 1977 (= Materialien zur Zeitgeschichte. Herausgegeben von der Ludwig-Erhard-Stiftung e. V.)

Erhard, Ludwig – Müller-Armack, Alfred (Hrsg.): Soziale Marktwirtschaft – Ordnung der Zukunft. Manifest '72. Berlin – Frankfurt/M. – Wien 1972

Friderichs, Hans: Mut zum Markt. Wirtschaftspolitik ohne Illusionen. Stuttgart 1974

Habe, Hans: Im Jahre Null. Ein Beitrag zur Geschichte der deutschen Presse. München 1966

Henle, Günter: Weggenosse des Jahrhunderts. Als Diplomat, Industrieller, Politiker und Freund der Musik. Stuttgart 1968

Hessische Staatsarchive (Hrsg.): Hessen in der Stunde Null 1945/1946. Katalog einer Ausstellung zum 30. Jahrestag der hessischen Verfassung

Hohmann, Karl (Hrsg.): Ludwig Erhard – Erbe und Auftrag. Aussagen und Zeugnisse. Düsseldorf – Wien 1977 (= Veröffentlichung der Ludwig-Erhard-Stiftung e. V.).

Hohmann, Karl (Hrsg.): 10 Jahre Deutsche Mark. Berichte. Reden. Kommentare. Privatdruck. o. O. (Bonn), o. J. (1959)

Hunold, Albert (Hrsg.): Wirtschaft ohne Wunder. Aufsätze von L. Einaudi, F. A. von Hayek, W. Röpke, L. Erhard, J. Rueff u. a. Erlenbach–Zürich 1953

Ibánez, Pedro: Ansprache während der Akademischen Feier zum ehrenden Gedenken an Prof. Dr. Ludwig Erhard am 2. September 1977 in der Handelshochschule von Valparaiso. o. J. (1977), Bonn (= Sonderdruck der Ludwig-Erhard-Stiftung e. V.)

Leipold, Helmut: Wirtschafts- und Gesellschaftssysteme im Vergleich. Grundzüge einer Theorie der Wirtschaftssysteme. Stuttgart 1976

Müller-Armack, Alfred: Genealogie der Sozialen Marktwirtschaft. Frühschriften und weiterführende Konzepte. Berlin – Stuttgart 1974

Müller-Armack, Alfred: Adenauer, die Wirtschaftspolitik und die Wirtschaftspolitiker. Seiten 204–228 in: Dieter Blumenwitz – Klaus Gotto – Hans Maier – Konrad Repgen – Hans-Peter Schwarz (Hrsg.): Konrad Adenauer und seine Zeit. Politik und Persönlichkeit des ersten Bundeskanzlers. Beiträge von Weg- und Zeitgenossen. Stuttgart 1976

Muthesius, Volkmar: Augenzeuge von drei Inflationen. Erinnerungen und Gedanken eines Wirtschaftspublizisten. Frankfurt/M. 1973

Noack, Paul: Die deutsche Nachkriegszeit. München – Wien 1966
Papenhoff, Wilhelm: 25. Juni 1947. Auch eine deutsche Stunde Null/Erinnerungen an den Frankfurter Wirtschaftsrat und sein Ringen mit der Not. In: »Das Parlament« 25 vom 25. Juni 1977
Paul, Wolfgang: Kampf um Berlin. München – Wien 1962
Ponto, Jürgen: Mut zur Freiheit. Gedanken zu Politik und Wirtschaft. Düsseldorf – Wien 1977
Presse- und Informationsamt der Stadt Frankfurt (Hrsg.): Frankfurt 1945–1976 (Ausstellungskatalog), Bilder und Texte
Pünder, Tilman: Das bizonale Interregnum. Die Geschichte des Vereinigten Wirtschaftsgebietes 1946–1949. o.O. 1966
Rasch, Harold: Kritisches Plädoyer für den Kapitalismus. Stuttgart 1972
Roeper, Hans: Geschichte der D-Mark. Frankfurt/M. 1968
Sweerts-Sporck, Peter: Wie der Wohlstand ruiniert wird. Stuttgart 1977
Schickling, Willi: Inflation und Deflation in ihrer Wirkung auf die deutsche Politik. Pfaffenhofen/Ilm 1971
Schickling, Willi: Rückwärts mit dem Fortschritt: Wieviel Experimente verträgt die Wirtschaft? Zürich: Edition Interfrom, 1976
Schickling, Willi: 20 Jahre D-Mark. Feature im SWF, Juni 1968
Schleyer, Hanns Martin: Das Soziale Modell. Stuttgart 1974
Schröder, Gerhard – Müller-Armack, Alfred – Hohmann, Karl – Gross, Johannes – Altmann, Rüdiger (Hrsg.): Ludwig Erhard. Beiträge zu seiner politischen Biographie. (Festschrift zum 75. Geburtstag). Frankfurt/M. – Berlin – Wien 1972
Schwarz, Hans-Peter: Vom Reich zur Bundesrepublik – Deutschland im Widerstreit der außenpolitischen Konzeptionen in den Jahren der Besatzungsherrschaft 1945–1949. Neuwied – Berlin 1966
Stackelberg, Karl-Georg von: Souffleur auf politischer Bühne. Von der Macht der Meinungen und den Meinungen der Mächtigen. München 1975
Steinbuch, Karl: Ja zur Wirklichkeit. Stuttgart 1975
Strauß, Franz Josef: Der neue Bundeskanzler. In: Deutsche Zeitung und Wirtschaftszeitung, Stuttgart, 16. 10. 1963
Treue, Wilhelm: Wirtschaftsgeschichte der Neuzeit. Das Zeitalter der technisch-industriellen Revolution 1700–1966. Stuttgart 1962
Wirtschaftsrat des Vereinigten Wirtschaftsgebietes (Amerikanisches und Britisches Besatzungsgebiet in Deutschland) (Hrsg.): Wörtlicher Bericht über die 18. Vollversammlung am 17. und 18. Juni 1948 in Frankfurt a. M. im Großen Börsensaal
Wuermeling, Henric L.: Mein Gott, was soll aus Deutschland werden? Tagebuch der Teilung Deutschlands. Bayreuth 1973
Ziemer, Gerhard: Inflation und Deflation zerstören die Demokratie. Lehren aus dem Schicksal der Weimarer Republik. Stuttgart 1971
Zischka, Anton: War es ein Wunder? Zwei Jahrzehnte deutschen Wiederaufstiegs. Hamburg 1966
Zöllner, Josef Othmar: Rückblick auf die Gegenwart. Die Entstehung der Kanzlerdemokratie. Stuttgart 1964

Bildnachweis

1 Foto: dpa

2 Foto: privat

3 Foto: dpa

4 Foto: BPA

5 Foto: BPA

6 Foto: BPA

7 Foto: dpa

8 Foto: dpa

9 Foto: dpa

10 Fotos: Süddeutscher Verlag

11 Foto: privat

12 Foto: privat

13 Foto: Leif Geiges, Staufen/Brsg.

14 Foto: privat

15 Foto: privat

16 Foto: dpa

17 Foto: BPA

18 Foto: BPA